Sommerdrinks
& Winterdrinks

Getränke-Vielfalt rund ums Jahr:
von frisch und spritzig bis wohlig wärmend

Text
Tanja Dusy und **Alessandra Redies**

Fotos
Klaus-Maria Einwanger

Titelbild

Den auf dem Titel abgebildeten »Go For Gold Smoothie« (links) finden Sie auf Seite 55, den »Glühwein« (rechts) auf Seite 73.

Service 4

Sommerdrinks – Kaltes für heiße Tage 20

Winterdrinks – Heißes für kalte Tage 70

Wichtige Hinweise

Schenken Sie keinerlei Alkohol an Kinder und Jugendliche unter 18 Jahren aus! Trinken Sie keinen Alkohol, wenn Sie danach noch Auto fahren müssen! Wenn Sie dennoch getrunken haben, nehmen Sie sich bitte ein Taxi!

Sommerdrinks – die kühlen Sie so richtig runter!

Früchte, Kräuter Säfte & Co.: Gelobt sei, was frisch macht.

Sommer, Sonne – Durst! Das Thermometer klettert höher und höher, und der Sinn steht eigentlich nur nach erfrischendem Nass! Doch weil gerade im Alltag der Sprung in den Pool meist nur ein schöner Traum bleibt, wird einfach innerlich abgekühlt: mit quietschbunten und belebenden Sommerdrinks! Damit Sie auf der nächsten Hitzewelle ganz cool obenauf surfen …

Da der Appetit bei hohen Temperaturen sowieso eher mäßig ist: Trinken Sie sich durch den Tag! Am Morgen und Mittag ersetzen fruchtig-cremige Smoothies locker das Frühstück und schweres Kantinenessen, nachmittags bringen Eistees und -kaffees so richtig auf Trab. Und wenn am Abend flirrende Hitze luftig-lauen Temperaturen weicht, kommt mit sommerlustigen Cocktails mit und ohne Alkohol, zischenden Prickelwasser-Drinks oder fruchtig-spritzigen Bowlen vergnügte Happy-Hour-Laune auf!

Frische Früchte en masse hat der Sommer zu bieten und damit die beste Voraussetzung für grenzenloses Drinkvergnügen. Ob Beeren, Melonen, Kirschen oder Nektarinen – mit allen lässt es sich trefflich mixen, schütteln und rühren. Doch damit das Ergebnis im Glas dann auch ein leckeres ist, müssen die Früchte so richtig reif und saftig sein! Beim Einkauf also aufgepasst: Gerade Beeren und Kirschen sehen oft besser aus, als sie schmecken. Bevor Sie das zu Hause feststellen: Fragen Sie auf dem Wochenmarkt lieber nach, ob Sie eine »Geschmacksprobe« nehmen dürfen. (Ansonsten heißt die Lösung: Tiefkühlware.) Reife Melonen erkennen Sie am intensiven Duft und an dem dumpfen Ton, wenn Sie auf die Schale klopfen. Und Nektarinen und Pfirsiche verraten ihre Reife auf Fingerdruck: Sind sie weich und prall (nicht matschig!) – wunderbar! Steinharte Exemplare dagegen liegen lassen, sie reifen nicht nach.

Auch die gibt's im Sommer: frisch-grüne Kräuter für Drinks der neuen Generation! Waldmeister, Zitronenmelisse und Minze sind hier fast schon alte Bekannte. Doch auch jene dürfen es mal sein, die Sie sonst vielleicht eher in Tomatensauce & Co. vermuten – z. B. Basilikum und Rosmarin! Ersteres mit Erdbeeren, letzterer mit Pfirsich oder Brombeeren kombiniert, und Sie kommen dem Urlaub am Mittelmeer Schluck für Schluck näher …

Den letzten Geschmacksschliff in Anti-Hitzestau-Drinks geben dann noch Fruchtsäfte, Sirupe – und natürlich Spirituosen. Doch Vorsicht, bei Temperaturen über 25° steigt Hochprozentiges ganz schön schnell zu Kopf! Darum lieber leicht und »low« mixen, etwa mit Fruchtlikören, Bitter-Aperitifs, Sekt, Prosecco oder auch Bier. Und wenn doch mal »harter Stoff« wie Gin oder Whiskey verwendet werden soll, dann wohl, und das heißt wenig, dosiert: Hochprozentig ist meist gleich hocharomatisch – zu viel davon, und alle anderen Geschmacksnuancen gehen baden. Wäre schade, sowohl für den Drink als auch für Ihren Kopf …

Winterdrinks – Seelenwärmer für die kalte Jahreszeit

Apfel, Nuss und Mandelkern: Nicht nur zum Knabbern gut …

Man sollte es nicht glauben, dass kurze Tage, Schneetreiben und Graupelschauer auch ihr Gutes haben: Endlich ist die Zeit gekommen, sich abends wieder gemütlich einzukuscheln. Was dabei dann auf keinen Fall fehlen darf: Ein guter Drink, der wohlige Wärme verspricht.

Schön, dass es eine große Auswahl an leckeren Frostschutzmitteln gibt – für jeden Geschmack und Anlass: Tee, Kaffee und heiße Schokolade sind schon nachmittags die besten Mittel gegen klamme Finger und Winterblues. Punsch, Glühwein und Feuerzangenbowle versprechen gemeinsamen Spaß und gute Laune, wenn Freunde eingeladen sind. Und auch der gewohnte Frühstückssmoothie und Cocktail zur Happy Hour werden mit bestimmten, winterlichen Aromen zum besonderen saisonalen Highlight.

Winteraromen in vollen Zügen genießen lautet die Devise bei unseren winterlichen Drinks: Jetzt haben z. B. Zitrusfrüchte Erntesaison und schmecken deshalb nicht nur am besten, sondern sorgen ganz nebenbei mit einer Extraportion Vitamin C für eine schnupfenfreie Nase. Sie ersetzen neben anderen Exoten wie Granatapfel, Datteln oder Cranberrys die supersüßen Früchtchen des Sommers. Ergänzt mit Apfel, Mohn und Mandelkern kommen weitere Aromen in Glas und Tasse, die wir sonst eher in der weihnachtlichen Backstube vermuten würden – genau wie die wohl wichtigsten Zutaten für Drinkspaß bei frostigen Temperaturen: jede Menge Gewürze!

Zimt, Nelken und eventuell noch Kardamom sind die altbewährten Klassiker, die einfachen Wein erst richtig zum Glühen bringen. Sie sorgen für jede Menge Aroma und haben zusätzlich wärmende Wirkung auf unseren gesamten Organismus. Das weiß man in ihren Herkunftsländern schon lange: Im Gewürzland Indien werden beispielsweise neben Zimt und Nelken vor allem frischer Ingwer, Pfeffer oder auch Chili als »heiße« Gewürze geschätzt. Ideal also, um in Verbindung mit Fruchtsaft oder Alkohol richtig angenehm einzuheizen. Würzen und Experimentieren sind deshalb angesagt. Gut, wenn die Gewürze ihren Geschmack ganz langsam nach und nach bei kleiner Hitze in Alkohol entfalten können.

Ganz egal, welche Alkoholika Sie schätzen, im Vergleich zu sommerlichen Getränken darf es bei Minusgraden auch ruhig hochprozentiger sein. Wein, süßlicher Sherry oder Portwein, Rum und Brände wie Cognac oder Calvados schmecken jetzt einfach super in Punsch und Co. Aber Vorsicht: Sie steigen in heißem Zustand meist noch schneller zu Kopf. Wenn Sie also zur winterlichen Happy Hour laden, sollten Sie immer auch ein paar Häppchen (wie auf den S. 18/19 vorgestellt) für nüchterne Mägen bereitstellen und zusätzlich alkoholfreie Getränke und Wasser anbieten. Und für Autofahrer gilt: Besser den Wagen stehen lassen bei leckeren Drinks und Glättegefahr!

1

2

3

4

5

6

Passende Gefäße für heiß und kalt

1 | Longdrinkglas

Klassische Longdrinkgläser sind schmal, hoch und zylindrisch. Doch bei Hitze muss man nicht alles so genau nehmen: Für die Sommerdrinks in diesem Buch taugen ganz normale Bechergläser, wie sie in Ihrem Küchenschrank stehen. Wichtig ist wirklich nur eines: Randvoll gefüllt müssen sie für insgesamt 250 ml Flüssigkeit Platz bieten können.

2 | Cocktailschale

»Kurze« Cocktails, die ohne Eis abgegossen werden, wollen hier hinein: in eine Cocktailschale mit Platz für insgesamt 200 ml Flüssigkeit und langem Stiel. Denn an diesem gehalten, wird der Drink nicht handwarm, sondern bleibt auch ohne zusätzliches Eis schön kalt. Gute Alternative: ein Sektglas (s. Punkt 4).

3 | Großer Tumbler

Der im Vergleich zum Longdrinkglas (s. Punkt 1) eher niedrige Tumbler mit dickem Boden hat einen großen Vorteil: Aufgrund seiner weiten, geraden Form und seines stabilen Standes ist er perfekt geeignet, um darin bequem mit dem Stößel Früchte und/oder Kräuter zu zerquetschen. Somit ist er – mit 300 ml Fassungsvermögen – der Glaskandidat schlechthin für Sommer-Classics wie z. B. Caipirinha (s. S. 26) und Mojito (s. S. 41).

4 | Sekt- und Weinglas

Ein 200 ml großes Sektglas kann gut die Cocktailschale (s. Punkt 2) ersetzen und ist ansonsten natürlich das passende Gefäß für alle Drinks, wie z. B. Paradisiata (s. S. 35), die mit edlen Schaumweinen aufgegossen werden. Auch in ein 300-ml-Weinglas kommt gerne Prickelndes. Und es vertritt in punkto Fassungsvermögen gerne mal den großen Tumbler (s. Punkt 3). Doch Achtung: Im Weinglas bitte nicht mit dem Stößel arbeiten – unter dem Druck kann es ruckzuck zu Bruch gehen.

5 | Tassen und Becher

Sie sind was für die ganz Heißen: 250–300-ml-Henkelbecher und Tassen – bestens für Glühwein, Punsch, Tee- und alle Kaffeespezialitäten. Kommen letztere sehr stark daher und werden »sparsamer« portioniert, sind auch mal ganz kleine Espressotassen oder 150–200-ml-Tassen angesagt. Wichtig für Becher und Tassen egal welcher Größe: Dickwandig und vorgewärmt sollten sie sein, damit Heißes auch wirklich lange heiß bleibt.

6 | Teeglas

Teegläser und andere hitzebeständige Gläser gibt es in den unterschiedlichsten Ausführungen und Größen – von schlicht zylindrisch und großvolumig (bis zu 300 ml) bis orientalisch verziert und klein und fein. Egal welche Ausführung: Weil Glas eine geringe Wärmeleitfähigkeit hat, kann daraus alles so heiß getrunken werden, wie es eingeschenkt wurde. Ein Henkel ist daher von großem Vorteil!

Eiskalt geschüttelt

Cocktails shaken – was Sie dafür brauchen und wie's funktioniert.

Ob sommerfrisch oder winterweich – viele Cocktails und Drinks in diesem Buch werden im Shaker zubereitet, damit sich Spirituosen, Säfte & Co. optimal verbinden und richtig durchkühlen. Durch das schnelle Auf und Ab im Shaker kommt außerdem Luft unter die Zutaten, was für ein angenehm »samtiges« Mundgefühl beim Trinken sorgt. Bestens geeignet, um all diese Effekte zu erzielen: ein dreiteiliger **Edelstahl-Shaker** mit Becher, Siebaufsatz und kleinem Deckelchen, der (im Gegensatz zu schweren Shakern mit Glasbecher) schön leicht in der Hand liegt. Ein weiteres Plus: Der Edelstahlbecher hat gewissermaßen eine eingebaute Uhr, die Ihnen sagt, wann Sie den Cocktail lange genug geschüttelt haben und abgießen können – genau dann nämlich, wenn der Shaker ganz beschlagen ist.

Ein weiteres essenzielles Bargerät: das **Barmaß** fürs exakte Abmessen der Zutaten. Meist aus Edelstahl, gibt es die Mini-Messbecher in den unterschiedlichsten Ausführungen. Für welche Sie sich auch entscheiden, achten Sie darauf, dass das Maß eine Feinskala von 1–4 cl hat. (Übrigens: 1 cl entspricht 10 ml.) Ebenfalls eine Anschaffung wert ist ein **Barsieb.** Wenn Sie mit einem dreiteiligen Edelstahl-Shaker mit Siebaufsatz (s. o.) arbeiten, werden Sie es zwar meist nicht brauchen, doch es gibt Ausnahmen. Eine heißt z. B. »Kiwi Crossover« (s. S. 31): Hierfür werden Kiwistücke und Melisseblättchen erst im Shakerbecher mit dem Stößel zerquetscht und dann mit den anderen Zutaten geschüttelt. Beim Abgießen durch den Shaker-Siebaufsatz würde nicht viel vom Drink im Glas landen – Kiwi und Melisse verstopfen ihn. Die Platte des Barsiebs dagegen lässt alle Flüssigkeit durch ihre weiten Schlitze problemlos passieren, hält Früchte, Kräuter und Eis aber im Shakerbecher zurück.

Apropos Eis: Für erfrischend coole Cocktails brauchen Sie davon richtig viel – pro Drink 6 Eiswürfel zum Shaken und 4 Eiswürfel fürs Glas. Und soll ein Longdrinkglas (250 ml) bis kurz unter den Rand mit »crushed ice« (gestoßenem Eis aus der Eismühle) gefüllt werden, sind 8–10 Eiswürfel nötig. Für die Eisproduktion in derartigen Mengen heißt die einfachste Lösung: Plastik-Eiswürfelbeutel aus dem Drogeriemarkt oder Haushaltswarengeschäft. Sie sind preiswert, hygienische Eiswürfel-»Verpackung« und platzsparende Hochstapler in einem.

Steht alles bereit? Dann kann die Schüttelei beginnen: Die im Rezept angegebenen Spirituosen, Säfte & Co. mit dem Barmaß abmessen und in den Becher des Shakers geben. Das Trinkglas (je nach Rezept) mit Eiswürfeln oder gestoßenem Eis füllen und dann erst 6 Eiswürfel in den Shaker geben, damit die Zutaten keine Sekunde Zeit haben, zu verwässern. Den Shaker nun fest verschließen und mit gleichmäßigen Bewegungen etwa 20 Sek. kräftig auf und ab schütteln, bis er ganz beschlagen ist. Dann das kleine Deckelchen abnehmen und den Shaker-Inhalt durch den Siebaufsatz auf das Eis in das Glas gießen. Flugs einen Trinkhalm hinein – und den Drink in vollen Zügen genießen!

Himbeersirup

beerensüßer Sommersirup für fruchtig-frische Drinks

Für etwa 1/4 l Sirup **500 g Himbeeren** waschen, abtrocknen, mit **100 g Zucker** vermischen und zugedeckt, am besten über Nacht, kalt stellen. Am nächsten Tag fein pürieren, Püree durch ein sauberes Mulltuch in einen Topf pressen. Beerensaft mit **250 g Zucker** unter Rühren einmal aufkochen, dann offen bei kleiner Hitze etwa 10 Min. köcheln lassen. Vom Herd nehmen, vollständig abkühlen lassen und in eine sauber gespülte, kleine Flasche umfüllen.

Clever tauschen

Für Kirschsirup gewaschene, entsteinte **Süßkirschen,** für Erdbeersirup gewaschene, geputzte **Erdbeeren** ebenso verarbeiten.

Holunderblütensirup

blütenfeine Wiederentdeckung aus Omas Küche

Für etwa 1/2 l Sirup **4–5 Holunderblütendolden** vorsichtig ausschütteln und verlesen; die Stiele knapp unter den Dolden abschneiden. Holunderblüten, **1/2 Bio-Zitrone** in dünnen Scheiben mit **5 g Zitronensäure** (aus der Apotheke) in eine Schüssel geben. **500 g Zucker** mit 1/2 l Wasser in einem Topf einmal aufkochen, bis sich der Zucker aufgelöst hat. Zuckersirup über den Holunder und die Zitronen gießen. Zugedeckt im Kühlschrank 4–5 Tage durchziehen lassen, ab und zu umrühren. Den Sirup durch ein sauberes Mulltuch laufen lassen, in eine saubere, kleine Flasche umfüllen.

Grenadinesirup

Universalsirup für leuchtend rote Farbe und fruchtigen Geschmack

Für etwa 150 ml Sirup **3 Granatäpfel** quer halbieren, auf der Zitruspresse auspressen (Vorsicht, spritzt!). 300 ml Saft abmessen (ersatzweise Granatapfel-Muttersaft aus Bioladen oder Reformhaus) und mit **3 EL Zucker** einmal aufkochen, dabei ab und zu umrühren. Offen etwa 15 Min. sanft kochen lassen. Vom Herd nehmen, vollständig abkühlen lassen und in eine Flasche füllen.

Clever variieren

Genauso machen Sie auch **andere Fruchtsirupe** – z. B. mit frisch gepressten Zitrussäften (Zitronen, Orangen, Limetten, Grapefruits), Apfelsaft (am besten in Bio-Qualität) oder Cranberry-Muttersaft (aus Bioladen oder Reformhaus).

Gewürz-Zitrus-Sirup

macht auch als Geschenk was her

Für etwa 200 ml Sirup je **1 Bio-Zitrone** und **1 Bio-Limette** waschen, die Schale möglichst dünn abschälen (evtl. mit dem Sparschäler). Insgesamt etwa **3 Zitronen und 3 Limetten** auspressen. Saft (es sollten 200 ml sein) mit **1 Zimtstange, 3 Nelken, 2 Sternanis** und **200 g Zucker** in einem Topf unter Rühren zum Kochen bringen und etwa 6 Min. bei mittlerer bis starker Hitze kochen lassen. Zitrusschalen zugeben und vom Herd nehmen. Topfinhalt heiß in ein sauber gespültes Schraubglas füllen, abkühlen lassen und im Kühlschrank aufbewahren. Schmeckt einfach in Sekt als Aperitif oder süßt heißen Tee oder Punsch.

Karamell-Zimt-Sirup

schmeckt nach Weihnachtsmarkt

Für etwa 200 ml Sirup **200 g Zucker** in einem Topf bei mittlerer Hitze goldbraun karamellisieren. Vorsichtig 250 ml Wasser zugießen. Den Karamell bei großer Hitze unter Rühren vom Topfboden loskochen, dann **2 Zimtstangen** zugeben und bei mittlerer Hitze 8–10 Min. unter Rühren weiterkochen lassen, bis sich der Karamell ganz aufgelöst hat und die Flüssigkeit sirupartig wird. Heiß in eine sauber gespülte, verschließbare Flasche füllen (mit einer Zimtstange). Abgekühlt im Kühlschrank lagern und zum Aromatisieren von Milchshakes, heißer Schokolade, Kaffee oder Sahnecocktails nehmen oder auch über ein Eis träufeln.

2 x Gewürz-Rum

lässt sich einfach machen und adelt jeden Tee

Für einen kleinen Vorrat **500 ml Rum** (40 %) mit **2 Sternanis, 1 Zimtstange** und **1/2 aufgeschlitzten Vanilleschote** in eine sauber ausgespülte Flasche mit breitem Hals oder ein sauber gespültes Schraubglas geben. Gut verschließen und so 14 Tage ziehen lassen, dabei am besten jeden Tag einmal schütteln. Wer will, kann den Rum dann filtern. Fast zum Likör wird das Ganze, wenn man zusätzlich dazu **5 aufgeschlitzte, leicht angequetschte Kardamomkapseln, 50 g Rosinen, 1 Stück Bio-Orangenschale** und **50 g braunen Kandiszucker** gibt. Alles wie beschrieben 14 Tage ziehen lassen, anschließend filtern.

1

2

3

4

5

6

Schöne Gläser zu jeder Jahreszeit

1 | Knisper-Glasränder

Sehr schön vor allem an Cocktailschalen: bunte Zuckerränder. Dafür den Glasrand erst in z. B. Grenadinesirup tupfen und anschließend in Zucker. Wenn's weniger süß sein soll: Den Glasrand erst in einem Zitronenviertel und dann in z. B. Kokosflocken oder fein abgeriebener Zitronenschale drehen. Die Winter-Variante: Den zitronenfeuchten Glasrand in Zimtzucker, Vanillezucker oder – bei sahnigen Drinks – auch mal in fein geraspelte Schokolade tupfen.

2 | Bunte Spieße

Vor allem für fruchtige Sommerdrinks angesagt: Schön zugeschnittene Fruchtstücke oder kleine ganze Beeren auf einen Cocktailspieß stecken und diesen auf den Glasrand legen oder in den Drink stellen. Beachten sollten Sie lediglich, dass die Cocktailspieß-Früchte zu den Aromen des Drinks passen. Keine Lust aufs Zurechtschneiden und Aufspießen? Früchte ganz oder in Scheiben direkt an den Glasrand stecken. Dabei aufpassen, dass sie nicht am bequemen Trinken hindern.

3 | Grün getoppt

Viel Wirkung, wenig Arbeit: Einfach ein Zweiglein frische Minze oder Zitronenmelisse ins Glas stecken. Noch mehr Wirkung, etwas mehr Arbeit: Die Zweige nach dem Waschen nur leicht trocken schütteln und dann mit etwas Puderzucker bestäuben.

4 | Sahne-Schnee-Häubchen

Ein Klecks steif geschlagene Sahne krönt nicht nur Kaffee und heiße Schokolade. Manche Punschsorten (s. S. 87) vertragen ebenfalls ein sahniges Häubchen. Aromatisieren Sie die Sahne zusätzlich mit etwas Zimt, Vanillezucker oder mit einem Schlückchen Obstbrand oder Likör. Zusätzlich lässt sich das sahnige Vergnügen noch toppen, indem Sie etwas Kakao- oder Zimtpulver, Krokant oder zerbröselte Kekse über den Drink streuen.

5 | Spuren im Schnee

Für Shakes, Smoothies und alle Drinks mit eher dickflüssiger Konsistenz oder Sahne obendrauf sind Verzierschablonen toll. Sie sind mit unterschiedlichen Motiven für Kaffeegetränke im Fachhandel erhältlich. Geschickte Bastler schneiden sich selbst welche aus Karton zurecht. Besonders hübsch im Winter: Schneekristallmotive, durch die dann Puderzucker, Kakao- und Zimtpulver oder bunter Dekozucker gestreut werden.

6 | Einfach rührend

Zum Umrühren von Punsch & Co. sehen lange Zimtstangen äußerst dekorativ aus. Oder wie wär's mit einem selbst gemachten Schoko-Gewürz-Rührer für heiße Milchgetränke? Dazu eine Schokoladenkugel auf einen langen Holzspieß stecken. Mehrmals in geschmolzener Schokolade wenden (nicht zu lange hineinhalten) und immer wieder fest werden lassen. Nach dem letzten Schokobad kurz in Zimtzucker oder Lebkuchengewürz-Zucker wenden, dann gut fest werden lassen.

Lachsmousse-Crostini

edle Luftikusse auf Knusperbett

Für 10–12 Stück **250 g TK-Lachsfilet** auftauen lassen, trocken tupfen, mit etwas **Salz** und **Pfeffer** einreiben und in **1 EL Öl** auf jeder Seite 1/2 Min. braten. Noch heiß in Alufolie wickeln und darin erkalten lassen, dann mit **3 EL Öl, 2 EL Limettensaft, 2 TL Wasabi-Paste, Salz** und **Pfeffer** fein pürieren. **100 g Sahne** steif schlagen und unterheben. Die Lachscreme zugedeckt 3–4 Std. kalt stellen. **50 g Feldsalat** putzen, waschen und gut trocken schütteln. **10–12 Baguette-Scheiben** im Toaster toasten, den Salat darauf verteilen. Aus der Mousse 10–12 Nocken abstechen und daraufsetzen. Die Crostini nach Belieben noch mit **fein gewürfelten Tomaten** bestreuen.

Hackfleisch-Käse-Bällchen

Mit einem Happs im Mund!

Für 20 Stück **250 g gemischtes Hackfleisch** mit **3 EL Semmelbröseln, 1 Ei, 1 EL Magerquark** und **abgeriebener Schale von 1/2 Bio-Zitrone** verkneten. **20 Blättchen Zitronenmelisse** waschen, trocken tupfen, streifig schneiden und unterkneten. Den Teig mit **Salz** und **Pfeffer** würzen. **50 g Bergkäse** entrinden und in 20 kleine Würfel schneiden. Aus dem Fleischteig 20 Bällchen formen, dabei jeweils 1 Käsewürfel in die Mitte drücken. **3 EL Olivenöl** erhitzen und die Bällchen darin bei mittlerer bis starker Hitze in etwa 5 Min. rundherum braun und knusprig braten. Auf Küchenpapier entfetten und lauwarm oder kalt servieren.

Honig-Putenspießchen

... mit cremigem Avocadodip

Für 6 Spießchen das Fruchtfleisch von **1 vollreifen Avocado** (**200 g**) mit **1 EL Olivenöl** und **1 EL Weißweinessig** cremig rühren. **1/2 gelbe Paprikaschote** in sehr kleinen Würfeln und **25–30 Basilikumblätter** in Streifen unterrühren, mit **Salz** und **Pfeffer** würzen. **250 g Putenschnitzel** waschen, trocken tupfen und in 24 etwa 2 x 2 cm große Würfel schneiden. Diese **salzen, pfeffern** und in **2 EL Mehl** wälzen. Jeweils 4 Würfel auf einen Holz- oder Metallspieß stecken. Die Spieße in **2 EL Olivenöl** bei starker Hitze in 5 Min. rundum braun braten, an die Seite schieben. **1 EL Weißweinessig** und **1 EL flüssigen Honig** dazugeben, verrühren, die Spieße darin wenden. Mit dem Dip sofort servieren.

Spinat-Täschchen

Außen knusprig, innen saftig!

Für 6 Stück **250 g Blattspinat** waschen, putzen und in ein Sieb geben. Mit kochendem Wasser übergießen und gut abtropfen lassen. Dann sehr gut auspressen und mit **4 EL Ziegenfrischkäse, 4 EL geriebenem Parmesan, abgeriebener Schale von 1 Bio-Zitrone** und **Salz** und **Pfeffer** fein pürieren. **3 quadratische Scheiben TK-Blätterteig** (à 45 g) auftauen lassen. Auf wenig **Mehl** jeweils auf doppelte Größe ausrollen und halbieren. Jeweils auf eine Seite 1 EL Spinatmasse geben, die andere Seite darüberklappen und die Ränder gut zusammendrücken. Die Täschchen mit **verquirltem Eigelb** bestreichen und im auf 180° vorgeheizten Backofen (Mitte, Umluft 160°) etwa 20 Min. backen.

Karamell-Schnecken

knusper, knusper …

Für etwa 45 Schnecken **100 g kalte Butter** etwa 1 cm groß würfeln und mit dem Messer unter **200 g Mehl** ziehen. 8–10 EL eiskaltes Wasser zugeben, verrühren, dann mit den Händen kurz zusammenkneten – es sollten noch ganze Butterstückchen im Teig sein. In Folie verpackt 30 Min. in den Kühlschrank legen. **80 g Zucker** mit **1/2 TL Zimtpulver** und **3/4 TL Lebkuchengewürz** mischen. Den Teig auf wenig Mehl zu einem etwa 3 mm dicken Rechteck ausrollen. Mit Gewürzzucker bestreuen, aufrollen und in Folie 30 Min. kühlen. Ofen auf 180° vorheizen, Blech mit Backpapier auslegen. Teigrolle in etwa 1/2 cm dicke Scheiben schneiden, auf das Blech legen. Im heißen Ofen (Mitte, Umluft 160°) in 15–20 Min. goldbraun backen, evtl. einmal wenden.

Kardamom-Schneeberge

für hauchzarte Gipfelträume

Für etwa 35 Berge **2 frische Eiweiß** steif schlagen, dabei nach und nach **60 g Zucker** dazugeben. **50 g Puderzucker, 2 TL Kakaopulver** und **1 TL gemahlenen Kardamom** mischen und über den Eischnee sieben, vorsichtig unterheben. Backofen auf 80° vorheizen. Mit einem Spritzbeutel kleine, etwa 3 cm hohe Tupfen auf ein mit Backpapier ausgelegtes Blech spritzen. Im heißen Ofen (Mitte, Umluft 60°) in etwa 2 1/2 Std. backen. Auf einem Kuchengitter auskühlen lassen. **150 g weiße Kuvertüre** über dem Wasserbad schmelzen und die Berge mit den Spitzen bis zur Hälfte eintauchen oder die Kuvertüre über die Spitzen träufeln, anschließend trocknen lassen.

Schoko-Anis-Kugeln

leckere kleine Mogel-Pralinen

Für etwa 35 Kugeln **1 TL Anissamen** grob hacken. **200 g Schokoladenbiskuit** (fertig gekauft) und **100 g getrocknete Aprikosen** klein würfeln und mit **100 ml Orangenlikör** (z. B. Cointreau) und Anis mischen, 30 Min. durchziehen lassen. **200 g Zartbitterschokolade** grob hacken und über dem Wasserbad schmelzen. Etwas abkühlen lassen, dann unter die Biskuitwürfel rühren. Gut durchmischen und mit den Händen walnussgroße Kugeln daraus formen. Auf einen mit Backpapier ausgelegten Teller legen und im Kühlschrank fest werden lassen. Wer will, überzieht die Kugeln noch mit Streifen aus **weißer oder Vollmilch-Kuchenglasur.**

Käse-Dominosteine

Für alle, denen die Adventszeit zu süß ist!

Für 18 herzhafte Häppchen **60 g getrocknete Cranberrys** etwa 3 Std. in **2 EL Portwein** marinieren. Die Blättchen von **3 Zweigen Thymian** und **40 g Walnüsse** fein hacken und mit den Cranberrys unter **200 g Doppelrahmfrischkäse** und **150 g Ziegenfrischkäse** rühren, mit **Salz, Pfeffer** und **Paprikapulver** würzen. **3 Scheiben Toastbrot** entrinden, **3 Scheiben Pumpernickel** auf Toastbrotgröße zuschneiden. Beide Brotsorten mit der Creme bestreichen. Dann je 1 Scheibe Toast auf 1 Pumpernickelscheibe legen, leicht andrücken. Jedes Sandwich in 6 Würfel schneiden und nach Wunsch mit **Walnusskernhälften** dekorieren.

Sommerdrinks – Kaltes für heiße Tage

Endlich: Der Sommer ist da! Mit hohen Temperaturen, lauen Abenden – und trockenen Kehlen. Da steht der Sinn nach eiskalten Drinks zum Runterkühlen, mal mit (wenig) Alkohol, mal ganz ohne.

Lovely Loreley

würzig-süßer Beinahe-Smoothie
im Bild links | Zubereitung: ca. 5 Min.

Für 1 Cocktailschale (200 ml)

2 cl Mangalore (franz. Gewürzlikör; s. Tipp)
4 cl naturtrüber Apfelsaft
1 cl Erdbeersirup
2 EL Rhabarberpüree (s. Tipp S. 37)

Außerdem:

Shaker
Eiswürfel
Barsieb
1 Erdbeere mit Blütenkelch für die Deko

1 Den Mangalore, den Apfelsaft, den Erdbeersirup und das Rhabarberpüree mit 6 Eiswürfeln in den Shaker geben. Den Shaker verschließen und etwa 20 Sek. kräftig schütteln.

2 Den Inhalt des Shakers durch das Barsieb in die Cocktailschale gießen. Die Erdbeere längs bis zur Mitte einschneiden und an den Glasrand stecken. Den Drink sofort servieren.

Clever mixen

Mangalore wird zwar in Frankreich produziert, hat seine geschmacklichen Ursprünge aber anderswo: Benannt nach einer südindischen Stadt, kommt der Likör mit unter anderem Kardamom, Zimt und Chili entsprechend gewürzt daher. Gibt's im gut sortierten Spirituosenhandel oder online zu kaufen (z. B. unter www.barfish.de).

Sweet Summer Glow

Melonen-süß und Sommer-spritzig
Zubereitung: ca. 5 Min.

Für 1 Cocktailschale (200 ml)

3 cl Wodka
3 cl Honigmelonensaft
(aus dem Bioladen; s. Tipp)
3 cl Orangensaft (am besten frisch gepresst)
1 cl Zitronensaft (am besten frisch gepresst)
1 cl Grenadinesirup

Außerdem:

Eiswürfel | Shaker | Barsieb
1 Schalenspirale von 1 Bio-Zitrone für die Deko

1 Den Wodka, den Honigmelonensaft, den Orangensaft, den Zitronensaft und den Grenadinesirup mit 6 Eiswürfeln in den Shaker geben. Den Shaker verschließen und etwa 20 Sek. kräftig schütteln.

2 Den Inhalt des Shakers durch das Barsieb in die Cocktailschale gießen. Die Zitronen-Schalenspirale in das Glas geben und den Drink sofort servieren.

Clever tauschen

Wenn Sie keinen Honigmelonensaft bekommen: **1 Stück Fruchtfleisch von 1 vollreifen Charentais-Melone** (geputzt etwa 50 g) mit 1–2 cl Grenadinesirup in den Shakerbecher geben und das Melonen-Fruchtfleisch mit dem Stößel gut zerquetschen. Wodka, Orangensaft und Zitronensaft mit 6 Eiswürfeln dazugeben und alles wie oben beschrieben schütteln und durch das Barsieb abgießen.

Lady Marmalade

eine erfrischende Spur feinherb
Zubereitung: ca. 5 Min.

Für 1 Cocktailschale (200 ml)

1 TL Orangenmarmelade
3 cl Wodka
4 cl Orangensaft (am besten frisch gepresst)
1 cl Limettensaft (am besten frisch gepresst)
1 Spritzer Zuckersirup

Außerdem:

Shaker
Barlöffel
Eiswürfel
Barsieb
1 Scheibe von 1 Bio-Orange für die Deko

1 Die Orangenmarmelade in den Shakerbecher geben. Den Wodka, den Orangensaft, den Limettensaft und den Zuckersirup dazugeben und alles mit dem Barlöffel so lange verrühren, bis sich die Marmelade aufgelöst hat.

2 6 Eiswürfel in den Shaker geben. Den Shaker verschließen und etwa 20 Sek. kräftig schütteln. Den Inhalt des Shakers durch das Barsieb in die Cocktailschale gießen.

3 Die Orangenscheibe bis zur Mitte einschneiden und an den Glasrand stecken. Den Drink sofort servieren.

links: Sweet Summer Glow | rechts: Lady Marmalade

Caribbean Queen

wunderbar süße Exotenpower
Zubereitung: ca. 5 Min.

Für 1 Longdrinkglas (250 ml)

4 cl grüner Melonenlikör (z. B. Midori)
4 cl Ananassaft
3 cl Orangensaft (am besten frisch gepresst)
2 cl Pink-Grapefruit-Saft (am besten frisch gepresst)
1 Spritzer Limettensaft (am besten frisch gepresst)
1 cl Zuckersirup

Außerdem:

Shaker
gestoßenes Eis
Eiswürfel
Barsieb
1 Kiwischeibe (mit Schale) für die Deko
Trinkhalm

1 Den Melonenlikör, den Ananassaft, die Zitrussäfte und den Zuckersirup in den Shaker geben. Das Longdrinkglas etwa zu zwei Dritteln mit gestoßenem Eis füllen.

2 6 Eiswürfel in den Shaker geben. Den Shaker verschließen und etwa 20 Sek. kräftig schütteln. Den Inhalt des Shakers durch das Barsieb in das Glas gießen.

3 Die Kiwischeibe bis zur Mitte einschneiden und an den Glasrand stecken. Den Drink mit dem Trinkhalm sofort servieren.

Peach Me Up

säuerlich-frischer After-Work-Drink
Zubereitung: ca. 5 Min.

Für 1 Longdrinkglas (250 ml)

3 cl Pfirsichlikör (z. B. Pepino Peach)
3 cl Pfirsichnektar
2 cl Maracujanektar
2 cl Orangensaft (am besten frisch gepresst)
1 Spritzer Zitronensaft (am besten frisch gepresst)
1 cl Himbeersirup

Außerdem:

Shaker
gestoßenes Eis
Eiswürfel
Barsieb
1 Pfirsichspalte und 1 Cocktailspieß für die Deko
Trinkhalm

1 Den Pfirsichlikör, beide Nektare, die Säfte und den Himbeersirup in den Shaker geben. Das Longdrinkglas etwa zu zwei Dritteln mit gestoßenem Eis füllen.

2 6 Eiswürfel in den Shaker geben. Den Shaker verschließen und etwa 20 Sek. kräftig schütteln. Den Inhalt des Shakers durch das Barsieb in das Glas gießen.

3 Die Pfirsichspalte auf den Cocktailspieß stecken und diesen zur Deko auf den Glasrand legen. Den Drink mit dem Trinkhalm sofort servieren.

vorne: Peach Me Up | hinten: Caribbean Queen

Caipirinha

Aus der Sommer-Cocktailbar nicht wegzudenken!

Für 1 Tumbler (300 ml) **1 Bio-Limette** heiß waschen, abtrocknen und achteln. Die Limettenstücke in den Tumbler geben. **3 TL weißen Rohrzucker** (s. Tipp) **oder 2 cl Zuckersirup** darübergeben und die Limettenstücke mit dem Stößel gut zerquetschen. Den Tumbler bis kurz unter den Rand mit **gestoßenem Eis** auffüllen, dann ebenso hoch mit **Cachaça** aufgießen. Mit 2 kurzen Trinkhalmen sofort servieren. Vor dem Trinken einmal durchrühren.

Clever mixen

Wenn Sie auf echte Originale stehen, sollten Sie die Limette mit **weißem Rohrzucker** aus Brasilien, der Heimat der Caipirinha, stößeln. Den bekommen Sie in immer mehr Supermärkten. Oder Sie bestellen ihn online (z. B. unter www.barfish.de). **Beste Alternativen:** Zuckersirup oder normaler weißer Zucker.

Caipi Cassisée

auf die französisch leichte Art …

Für 1 Tumbler (300 ml) **1 Bio-Zitrone** heiß waschen, abtrocknen und achteln. Die Zitronenstücke in den Tumbler geben. **1–2 cl Zuckersirup** darübergießen und die Zitronenstücke mit dem Stößel gut zerquetschen. Den Tumbler bis kurz unter den Rand mit **gestoßenem Eis** auffüllen. **3 cl Crème de Cassis** (franz. Johannisbeerlikör) darübergießen und das Ganze mit **eiskaltem Sodawasser** (s. Tipp S. 34) vorsichtig aufgießen. Den Drink mit 2 kurzen Trinkhalmen sofort servieren. Vor dem Trinken einmal durchrühren.

Clever tauschen

Darf es noch etwas leichter und **ohne Alkohol** sein? Dann ist **Johannisbeernektar** der perfekte Ersatz für den französischen Johannisbeerlikör!

Ragazza Piccola

Das »Prinzip Caipirinha« auf Italienisch!

Für 1 Tumbler (300 ml) **1 Bio-Limette** heiß waschen, abtrocknen und achteln. Die Limettenstücke in den Tumbler geben. **3 TL weißen Kristallzucker** darüberstreuen und die Limettenstücke mit dem Stößel gut zerquetschen. Den Tumbler bis kurz unter den Rand mit **gestoßenem Eis** auffüllen. **2 cl Limoncello** (ital. Zitronenlikör) darübergießen und das Ganze mit **eiskaltem Prosecco** vorsichtig aufgießen. Den Drink mit 2 kurzen Trinkhalmen sofort servieren. Den Drink vor dem Trinken einmal durchrühren.

Null-Promille-Caipi

wenn der Kopf klar bleiben soll …

Für 1 Tumbler (300 ml) **1 Bio-Limette** heiß waschen, abtrocknen und achteln. Die Limettenstücke in den Tumbler geben. **3 TL flüssigen Honig** darübergeben und die Limettenstücke mit dem Stößel gut zerquetschen. Tumbler bis fast zum Rand mit **gestoßenem Eis** auffüllen. **6 cl Cranberry-Fruchtsaftgetränk** darübergießen, alles mit dem Barlöffel einmal durchrühren. Drink mit **3 cl eiskaltem Ginger Ale** aufgießen, mit 2 kurzen Trinkhalmen sofort servieren. Vor dem Trinken einmal durchrühren.

Clever variieren

Statt Cranberry-Fruchtsaftgetränk passen auch **Birnensaft, Maracujanektar, naturtrüber Apfelsaft** oder eine **Mischung aus Apfelsaft und Maracujanektar** perfekt in den frischen Non-Alcoholic.

Pink Batida

erfrischend leicht | *Zubereitung: ca. 10 Min.*

Für 1 Longdrinkglas (250 ml)

6 Himbeeren (am besten TK; s. Tipp)
4 Litschis (frisch oder aus der Dose)
2 cl Cachaça | 2 cl Grenadinesirup
6 cl ungesüßte Kokosmilch (aus der Dose)

Außerdem:

elektrischer Standmixer | gestoßenes Eis
5 Himbeeren und 1 Cocktailspieß für die Deko
Trinkhalm

1 TK-Himbeeren unaufgetaut in den Mixer geben (frische Beeren vorher waschen und trocken tupfen). Die frischen Litschis schälen und das Fruchtfleisch vom Stein in den Mixer schneiden (Litschis aus der Dose abtropfen lassen und in den Mixer geben). Cachaça, Grenadinesirup und Kokosmilch ebenfalls in den Mixer geben.

2 Das Glas etwa zur Hälfte mit gestoßenem Eis füllen und das Eis in den Mixer geben. Alles auf höchster Stufe zu einer homogenen Flüssigkeit durchmixen. Den Inhalt des Mixers in das Glas gießen. Die Himbeeren für die Deko auf den Cocktailspieß stecken und diesen auf den Glasrand legen. Den Drink mit dem Trinkhalm sofort servieren.

Clever mixen

Unaufgetaute TK-Himbeeren mitgemixt, und die Batida wird zusätzlich durchgekühlt. Darum ist TK-Ware in diesem Fall die bessere Wahl.

Colada Mandarin

Rum-aromatisch – schön süß | *Zubereitung: ca. 10 Min.*

Für 1 Longdrinkglas (250 ml)

3 EL Mandarin-Orangen (aus der Dose)
1/2 Banane (ungeputzt etwa 50 g)
4 cl weißer Rum | 2 EL gesüßte Kondensmilch (aus der Tube, z. B. »Milchmädchen«)

Außerdem:

elektrischer Standmixer | gestoßenes Eis
2–3 sehr dünne Schalenstreifen von
1 Bio-Orange für die Deko | Trinkhalm

1 Die Mandarin-Orangen abtropfen lassen. Banane schälen, grob zerschneiden und in den Mixer geben. Sofort die Mandarin-Orangen dazugeben, damit sich die Banane nicht braun verfärbt. Den Rum und die Kondensmilch ebenfalls in den Mixer geben.

2 Das Longdrinkglas etwa zur Hälfte mit gestoßenem Eis füllen und das Eis zu den anderen Zutaten in den Mixer geben. Alles auf höchster Stufe durchmixen, bis eine homogene Flüssigkeit entstanden ist. Den Inhalt des Mixers in das Glas gießen.

3 Orangenschalenstreifen auf den Drink geben, mit dem Trinkhalm sofort servieren.

Clever variieren

Oder lieber der Klassiker **Piña Colada**? Dann statt der Mandarin-Orangen und der Banane 1 Scheibe frische Ananas (ungeputzt etwa 100 g) mitmixen.

links: Pink Batida | rechts: Colada Mandarin

Gingered Melon

leichter Non-Alcoholic zum Runterkühlen
Zubereitung: ca. 10 Min.

Für 1 Longdrinkglas (250 ml)

1 Stück vollreife Charentais-Melone (geputzt etwa 50 g) | 1 TL Ingwermarmelade
4 cl Orangensaft (am besten frisch gepresst)
4 cl Pink-Grapefruit-Saft (am besten frisch gepresst) | 1/2 cl Vanillesirup
1–2 Spritzer eiskaltes Sodawasser (s. Tipp S. 34)

Außerdem:

Shaker | Stößel | gestoßenes Eis | Eiswürfel
Barsieb | 2 Limettenscheiben für die Deko
Trinkhalm

1 Das Melonenstück grob zerschneiden und in den Shakerbecher geben; die Ingwermarmelade dazugeben. Die Melonenstücke so lange mit dem Stößel zerquetschen, bis sich die Marmelade aufgelöst hat. Das Longdrinkglas etwa zu drei Vierteln mit gestoßenem Eis füllen.

2 Die Säfte und den Vanillesirup mit 6 Eiswürfeln in den Shaker geben. Den Shaker verschließen und etwa 20 Sek. kräftig schütteln. Den Inhalt des Shakers durch das Barsieb (s. Tipp S. 11) in das Glas gießen.

3 Das Sodawasser in den Shakerbecher geben, einmal durchschwenken und durch das Barsieb in das Glas gießen. Die Limettenscheiben ins Glas geben und den Drink mit dem Trinkhalm sofort servieren. Vor dem Trinken einmal durchrühren.

Kiwi Crossover

fruchtig-säuerlicher Aperitif ohne Alkohol
Zubereitung: ca. 10 Min.

Für 1 Cocktailschale (200 ml)

1 Kiwi (ungeputzt etwa 100 g) | 12 Blätter Zitronenmelisse | 2 cl Rose's Lime Juice
1 cl Zuckersirup | 3 cl Ananassaft
2 cl Birnensaft | 1 Spritzer Blue-Curaçao-Sirup
4 cl eiskaltes Sodawasser (s. Tipp S. 34)

Außerdem:

Shaker | Stößel | Eiswürfel
1 Zweig Zitronenmelisse für die Deko

1 Die Kiwi schälen, längs halbieren, ohne den weißen Strunk in der Mitte grob zerschneiden und in den Shakerbecher geben. Die Melisseblättchen waschen, trocken tupfen und mit Lime Juice und Zuckersirup in den Becher geben. Kiwi und Melisse mit dem Stößel gut zerquetschen.

2 Die Säfte und den Blue-Curaçao-Sirup mit 6 Eiswürfeln in den Shaker geben. Den Shaker verschließen und etwa 20 Sek. kräftig schütteln. Shakerinhalt durch das Barsieb (s. Tipp S. 11) in die Cocktailschale gießen.

3 Das Sodawasser in den Shakerbecher geben, einmal durchschwenken und durch das Barsieb in das Glas gießen. Den Melissezweig für die Deko in das Glas stecken.

Clever mixen

Kein **Blue-Curaçao-Sirup** im Haus? Einfach weglassen – er dient hier nur für eine sattere grüne Farbe.

vorne: Gingered Melon | hinten: Kiwi Crossover

Completely Passionate

lustig-saurer Promillefrei-Tropical
Zubereitung: ca. 10 Min.

Für 1 Longdrinkglas (250 ml)

1 Maracuja (Passionsfrucht) | 4 cl naturtrüber Apfelsaft | 2 cl Bananen-Fruchtsaftgetränk
1/2 cl Limettensaft (am besten frisch gepresst)
1 cl Mangosirup
1–2 Spritzer eiskalte Orangenlimonade

Außerdem:

Shaker | gestoßenes Eis
Eiswürfel | Barsieb | Trinkhalm

1 Die Maracuja heiß waschen, abtrocknen, quer halbieren und das Fruchtfleisch mit einem Löffel aus den Schalen in den Shakerbecher kratzen. Eine Schalenhälfte für die Deko aufheben. Das Longdrinkglas etwa zu drei Vierteln mit gestoßenem Eis füllen.

2 Apfelsaft, Bananen-Fruchtsaftgetränk, Limettensaft und Mangosirup mit 6 Eiswürfeln in den Shaker geben. Den Shaker verschließen und etwa 20 Sek. kräftig schütteln. Den Inhalt des Shakers durch das Barsieb (s. Tipp S. 11) in das Glas gießen.

3 Die Orangenlimo in den Shakerbecher geben, einmal durchschwenken und durch das Barsieb in das Glas gießen. Die Maracujaschalenhälfte als »Hütchen« auf den Drink setzen und den Drink mit dem Trinkhalm sofort servieren.

Lord Of Grapes

frischer Waldmeister und süße Trauben | *Zubereitung: ca. 10 Min.* | *Trocknen: 4 Std.* | *Ziehen: 25 Min.*

Für 1 Longdrinkglas (250 ml)

5–6 Zweige frischer Waldmeister
50 g helle kernlose Weintrauben
4 cl naturtrüber Apfelsaft | 2 cl Johannisbeernektar | 1 cl Limettensaft (am besten frisch gepresst) | 1 cl Zuckersirup
4 cl eiskaltes Sodawasser (s. Tipp S. 34)

Außerdem:

Shaker | Stößel | gestoßenes Eis
Eiswürfel | Barsieb | 3 dunkle kernlose Weintrauben für die Deko | Trinkhalm

1 Waldmeister waschen, trocken schütteln, auf einem sauberen Küchentuch etwa 4 Std. antrocknen lassen (so entfaltet sich sein Aroma). Die Trauben waschen und abtrocknen.

2 Angetrockneten Waldmeister mit Trauben, Apfelsaft, Johannisbeernektar, Limettensaft und Zuckersirup in den Shakerbecher geben. Die Trauben mit dem Stößel gut zerquetschen. Den Shaker verschließen und 10–15 Min. stehen lassen.

3 Das Glas halb mit gestoßenem Eis füllen. 6 Eiswürfel in den Shaker geben, verschließen, etwa 20 Sek. kräftig schütteln. Inhalt durch das Barsieb (s. Tipp S. 11) ins Glas gießen. Sodawasser in den Shakerbecher geben, einmal durchschwenken und durch das Barsieb ins Glas gießen. Dunkle Trauben in den Drink geben, mit Trinkhalm sofort servieren.

links: Completely Passionate | rechts: Lord Of Grapes

Aperol Spritz

venezianischer Feierabend-Aperitivo

5–6 Eiswürfel in ein großes Weinglas (400 ml) geben. **1 Achtel von 1 Bio-Limette oder 1 Scheibe von 1 Bio-Orange** dazugeben. **12 cl eiskalten trockenen Prosecco oder Weißwein** (z. B. Soave, Riesling oder Chardonnay) und **2 Spritzer eiskaltes Sodawasser** (s. Tipp) darübergießen. Zum Schluss **8 cl Aperol** dazugeben. Den Drink sofort servieren.

Clever mixen

Sodawasser – z. B. aus Karlsbad, Fachingen, Marienbad – besticht durch einen sehr hohen Natrongehalt (angegeben auf der Flasche mit mindestens 570 mg Natrium pro Liter), weswegen es intensiv prickelt und für spritzige Drinks perfekt geeignet ist. Bevor Sie auf Zisch im Glas aber ganz verzichten, weil Sie kein Sodawasser bekommen: Notfalls geht auch **»normales« Mineralwasser mit viel Kohlensäure.**

Rhubarbo

schön leichter Balkonien-Drink

Ein Longdrinkglas (250 ml) etwa zu drei Vierteln mit **gestoßenem Eis füllen. 4 cl Aperol,** dann **8 cl Rhabarbersaft** (s. Rezept S. 37) und **1–2 cl Limettensaft** (am besten frisch gepresst) darübergießen. Alles mit dem Barlöffel einmal durchrühren. Das Glas mit **eiskaltem Sodawasser** (s. Tipp links) auffüllen. 3 dünne Scheiben von **1 Bio-Limette** mit ins Glas geben und den Drink mit einem Trinkhalm sofort servieren.

Clever tauschen

Der Rhubarbo ist in Sachen Alkoholgehalt zwar schon sehr »low«, doch wenn's doch mal ganz ohne Promille sein soll, nehmen Sie statt Aperol **2 cl Bitter-Sirup** (z. B. von Monin).

Paradisiata

Italienische Aromen pur!

1/2 vollreife Nektarine (ungeputzt 100 g) waschen, abtrocknen, entsteinen, grob zerschneiden, in den Shakerbecher geben. **2 cl Aperol, 2 cl Orangenlikör** (z. B. Cointreau), **1 cl Limettensaft** (am besten frisch gepresst) und **1/2 cl Zuckersirup** (s. Tipp) dazugeben und die Nektarine mit dem Stößel gut zerquetschen. **6 Eiswürfel** dazugeben, Shaker verschließen, etwa 20 Sek. kräftig schütteln. Den Shakerinhalt durch das Barsieb (s. Tipp S. 11) in ein Sektglas (200 ml) gießen. Mit **4 cl eiskaltem trockenen Rosésekt** aufgießen, sofort servieren.

Clever mixen

Ob und wie viel **Zuckersirup** Sie brauchen, hängt von der Süße der Nektarine ab. Ist sie ganz reif und saftig, nur 1 Spritzer nehmen oder ganz weglassen.

Aperol Sour

Wandelbarer Classic, der auch mit vielen anderen Spirituosen schmeckt!

Ein Longdrinkglas (250 ml) etwa zu drei Vierteln mit **gestoßenem Eis** füllen. **6 cl Aperol, 3 cl Zitronensaft** (am besten frisch gepresst), **1 1/2 cl Zuckersirup** und **1 sehr frisches Eiweiß** (von 1 Ei, Größe M; s. Tipp) mit **6 Eiswürfeln** in den Shaker geben. Den Shaker verschließen und etwa 20 Sek. kräftig schütteln. Den Inhalt des Shakers durch das Barsieb in das Longdrinkglas gießen. Den Drink mit einem Trinkhalm sofort servieren.

Clever mixen

Das mitgeschüttelte **Eiweiß** macht den Sour schön samtig und leicht schaumig. Wegen des Salmonellenrisikos muss es absolut frisch sein! Behagt Ihnen das Eiweiß deshalb nicht: einfach weglassen.

Rin-Tin-Tonic

Gin-Tonic-de-luxe-Variante – für mehr Sommer im Glas!

Zubereitung: ca. 5 Min. | Kochen: 15 Min. | Abtropfen und Abkühlen: 2 1/2 Std.

Für 1 Longdrinkglas (250 ml)

Für den Rhabarbersaft:

650 g Rhabarber
150 g Zucker

Für den Drink:

2 cl Gin
2 cl Sauerkirschnektar
1 cl Limettensaft (am besten frisch gepresst)
eiskaltes Tonic Water zum Aufgießen

Außerdem:

Eiswürfel
Shaker
Barsieb
3 dünne Scheiben von 1 Bio-Limette für die Deko
Trinkhalm

1 Für den Saft (s. Tipp) den Rhabarber waschen, putzen, evtl. entfädeln, in etwa 1 cm dicke Scheiben schneiden und in einen Topf geben. Den Zucker untermischen und 400 ml Wasser dazugeben. Alles einmal aufkochen und zugedeckt bei kleiner Hitze etwa 15 Min. köcheln lassen. Den Rhabarber in ein Sieb abgießen und etwa 30 Min. abtropfen lassen, dabei den ablaufenden Saft auffangen. Den Saft in etwa 2 Std. vollständig abkühlen lassen. Den gekochten Rhabarber anderweitig verwerten (s. Tipp).

2 Für den Drink 6 Eiswürfel in das Longdrinkglas geben. Von dem Rhabarbersaft 4 cl abmessen und mit dem Gin, dem Sauerkirschnektar, dem Limettensaft und 6 Eiswürfeln in den Shaker geben. Den Shaker verschließen und etwa 20 Sek. kräftig schütteln. Den Inhalt des Shakers durch das Barsieb in das Glas gießen.

3 Den Drink mit Tonic Water aufgießen. Die Limettenscheiben ins Glas geben, den Drink mit dem Trinkhalm servieren.

Clever mixen

Das Rezept ergibt etwa **1/2 l Rhabarbersaft.** In eine Flasche umgefüllt und im Kühlschrank gelagert, hält er sich etwa vier Wochen und wartet auf seinen Einsatz. Z. B. in Kombination mit eiskaltem Sodawasser und 1 Spritzer Zitronensaft als **Rhabarberschorle.** Ein weiteres Rezept mit Rhabarbersaft finden Sie auf S. 34 und auch gleich hier: Für einen **Strawberry-Smoothie** 25 g TK-Erdbeeren unaufgetaut in den Standmixer geben. 2 cl Limoncello, 4 cl Rhabarbersaft, 3 cl Cranberry-Fruchtsaftgetränk und 1 Spritzer Limettensaft (am besten frisch gepresst) darübergießen. Ein Longdrinkglas (250 ml) zu einem Drittel mit gestoßenem Eis füllen und das Eis in den Mixer geben. Alles auf höchster Stufe durchmixen, bis eine homogene Flüssigkeit entstanden ist. Den Inhalt des Mixers in das Glas gießen. Und: Den **gekochten Rhabarber** nicht wegwerfen, sondern fein pürieren – ergibt eine super Basis für cremige Smoothies und Digestifs wie z. B. die Lovely Loreley von S. 21.

Midnight Brambler

***für lange Sommernächte** | Zubereitung: ca. 10 Min.*

Für 1 Longdrinkglas (250 ml)

1/2 Bio-Limette
3 cl Brombeerlikör (z. B. von Giffard)
4 cl naturtrüber Apfelsaft
2 cl Cranberry-Fruchtsaftgetränk
eiskalte klare Zitronenlimonade zum Aufgießen

Außerdem:

gestoßenes Eis
Barlöffel
Trinkhalm

1 Die Limettenhälfte heiß waschen, abtrocknen und vierteln. Das Longdrinkglas etwa zur Hälfte mit gestoßenem Eis füllen.

2 Brombeerlikör, Apfelsaft und Cranberry-Fruchtsaftgetränk darübergießen. Alles mit dem Barlöffel einmal durchrühren. Das Glas mit Zitronenlimo auffüllen.

3 Die Limettenviertel über dem Glas ausdrücken, die Limettenstücke mit ins Glas geben. Den Drink mit dem Trinkhalm sofort servieren und vor dem Trinken einmal gut durchrühren.

Clever tauschen

Statt des Brombeerlikörs können Sie auch einen anderen roten Fruchtlikör verwenden – z. B. **Crème de Cassis** (franz. Johannisbeerlikör) oder **Kirschlikör** (z. B. Heering). Für eine alkoholfreie Variante schmeckt statt Brombeerlikör **1–2 cl Grenadinesirup.**

Mississippi Melody

Orangen-aromatisch und nicht so süß
Zubereitung: ca. 10 Min.

Für 1 Longdrinkglas (250 ml)

10 Blätter frische Minze
2 cl Southern Comfort
1 cl Bourbon Whiskey
2 cl Orangensaft (am besten frisch gepresst)
1 cl Zitronensaft (am besten frisch gepresst)
eiskaltes Ginger Ale zum Aufgießen

Außerdem:

Stößel
gestoßenes Eis
2 Scheiben von 1 Bio-Orange
Trinkhalm

1 Die Minzeblätter waschen, trocken schütteln und in das Longdrinkglas geben. Den Southern Comfort und den Bourbon Whiskey darübergießen und die Minze mit dem Stößel etwas anquetschen.

2 Den Orangen- und den Zitronensaft darübergießen und das Glas etwa zur Hälfte mit gestoßenem Eis auffüllen. Die Orangenscheiben für die Deko halbieren und die Hälften senkrecht ins Eis stecken. Den Drink mit Ginger Ale aufgießen und mit dem Trinkhalm sofort servieren. Vor dem Trinken einmal durchrühren.

Himbeer-Mojito

Kuba-Klassiker auf fruchtigen Abwegen | *Zubereitung: ca. 10 Min.*

Für 1 Tumbler (300 ml)

8 große Blätter frische Minze
6 Himbeeren
3 cl Limettensaft (am besten frisch gepresst)
2 cl Zuckersirup | 1 cl Himbeersirup
5 cl weißer Rum
eiskaltes Sodawasser zum Aufgießen
(s. Tipp S. 34)

Außerdem:

Stößel | gestoßenes Eis
Barlöffel | 2 kurze Trinkhalme
1 Minzezweig für die Deko

1 Minzeblätter und Himbeeren vorsichtig waschen, trocken tupfen und in den Tumbler geben. Limettensaft, Zucker- und Himbeersirup darübergießen. Minze und Himbeeren mit dem Stößel gut zerquetschen.

2 Das Glas etwa zu zwei Dritteln mit gestoßenem Eis auffüllen. Alles mit dem Barlöffel einmal gut durchrühren. Den Rum darübergießen und den Drink mit Sodawasser aufgießen. Noch einmal kurz durchrühren. Den Minzezweig ins Glas stecken und den Drink mit den Trinkhalmen sofort servieren.

Clever mixen

Sie wollen lieber auf Hemingways Pfaden wandeln und den **klassischen Mojito** trinken? Die Minze ohne Himbeeren stößeln, den Himbeersirup weglassen und die Zuckersirupmenge auf 3 cl erhöhen.

Frucht-Variante: Piña Basilito

Für 1 Tumbler (300 ml) | **1/2 Scheibe frische Ananas** (geputzt etwa 40 g) winzig klein würfeln und in den Tumbler geben. **4 große Basilikumblätter** waschen, trocken schütteln, grob zerschneiden und dazugeben. **2 cl Limettensaft** (am besten frisch gepresst) und **2 cl Zuckersirup** darübergießen. Ananas und Minze mit dem Stößel gut zerquetschen. Das Glas etwa zu zwei Dritteln mit **gestoßenem Eis** auffüllen und alles mit dem Barlöffel gut durchrühren. **4 cl weißen Rum** dazugeben und den Drink mit **eiskaltem Sodawasser** (s. Tipp S. 34) aufgießen. Nochmals durchrühren. **1 Basilikumzweig** ins Glas stecken und den Drink mit 2 kurzen Trinkhalmen sofort servieren.

Variante ohne Alkohol: NO-jito

Für 1 Tumbler (300 ml) | **1 Bio-Limette** heiß waschen, abtrocknen, achteln und in den Tumbler geben. **10 Blätter frische Minze** ebenfalls waschen, trocken tupfen und in das Glas geben. **1–2 cl Zuckersirup** dazugeben. Limette und Minze mit dem Stößel gut zerquetschen. Das Glas etwa zu zwei Dritteln mit **gestoßenem Eis** auffüllen und alles mit dem Barlöffel einmal gut durchrühren. Den Drink mit **eiskaltem Sodawasser** (s. Tipp S. 34) **oder Ginger Ale** aufgießen. **1 Minzezweig** ins Glas stecken und den Drink mit 2 kurzen Trinkhalmen servieren.

Radler Royal

Biergartenspezialität de luxe | *Zubereitung: ca. 10 Min.*

Für 1 Bierglas (500 ml)

4 cl Zitronensaft (am besten frisch gepresst)
4 cl Rose's Lime Juice
2 cl Limoncello (ital. Zitronenlikör)
2 cl Zuckersirup
12 cl eiskalte klare Zitronenlimonade (oder Sodawasser, s. Tipp S. 34)
eiskaltes helles Bier zum Aufgießen

Außerdem:

Shaker | Eiswürfel | Barsieb
3 dünne Scheiben von 1 Bio-Zitrone für die Deko

1 Zitronensaft, Lime Juice, Limoncello und Zuckersirup mit 6 Eiswürfeln in den Shaker geben. Den Shaker verschließen und etwa 20 Sek. kräftig schütteln. Den Inhalt des Shakers durch das Barsieb in einen Bierkrug (500 ml) gießen.

2 Die Zitronenlimonade in den Shakerbecher geben, einmal durchschwenken und durch das Barsieb in das Glas gießen. Die Zitronenscheiben in das Glas geben und das Ganze mit eiskaltem hellem Bier aufgießen.

Klassische Variante

Das **bayerische Original** ist so einfach wie gut: Das Bierglas zur Hälfte mit eiskaltem hellem Bier füllen und dann mit eiskalter klarer Zitronenlimonade aufgießen. Übrigens: Diese Reihenfolge ist wichtig, sonst »steht« die Limo unten im Glas.

Milde Variante: Holler-Weiße

Für 1 Weinglas (300 ml) | **3–4 cl Holunderblütensirup** in das Glas geben. Das Ganze mit **eiskaltem Weißbier** vorsichtig aufgießen. **1/4 Bio-Zitrone** über dem Glas ausdrücken und dann mit ins Glas geben. Sofort servieren.

»Grüne« Variante: Wald-Bier-Meister

Für 1 Longdrinkglas (250 ml) | **5 Zweige frischen Waldmeister** waschen, trocken schütteln, in etwa 4 Std. antrocknen lassen (sonst entfaltet das Kraut sein Aroma nicht) und in den Shakerbecher geben. **4 cl Ananassaft, 2 cl Rose's Lime Juice** und **1 cl Zuckersirup** dazugeben. Den Waldmeister mit dem Stößel etwas anquetschen. Den Shaker verschließen und alles 15–20 Min. ziehen lassen. Den Inhalt des Shakers durch das Barsieb in das Longdrinkglas gießen. Das Ganze mit **eiskaltem Weißbier** aufgießen.

Tex-Mex-Variante: Mexican Hisser

Für 1 Longdrinkglas (250 ml) | **2 cl Gold-Tequila, 1 cl Orangenlikör, 3 cl Orangensaft** und **1 TL flüssigen Honig** im Shakerbecher so lange verrühren, bis sich der Honig aufgelöst hat. Das Glas etwa zur Hälfte mit **gestoßenem Eis** füllen. **6 Eiswürfel** in den Shaker geben. Den Shaker verschließen und etwa 20 Sek. kräftig schütteln. Den Inhalt des Shakers durch das Barsieb in das Glas gießen. Das Ganze mit **eiskaltem mexikanischem Bier** (z. B. Desperados) aufgießen. **1/4 Bio-Limette** darüber ausdrücken, Limette mit ins Glas geben.

Cucumberland

Gemüse im Drink? Ungewöhnlich lecker!
Zubereitung: ca. 10 Min.

Für 1 Longdrinkglas (250 ml)

1 Stück Salatgurke (ungeputzt etwa 50 g)
1/2 Bio-Limette
2 TL Zucker
4 cl Ananassaft
eiskalte klare Zitronenlimonade zum Aufgießen

Außerdem:

Shaker | Stößel | gestoßenes Eis | Eiswürfel
Barsieb | je 1 Scheibe von 1 Bio-Limette und Bio-Gurke für die Deko | Trinkhalm

1 Das Gurkenstück schälen, grob zerschneiden und in den Shakerbecher geben. Die Limettenhälfte heiß waschen, abtrocknen, vierteln und ebenfalls in den Shaker geben. Den Zucker darüberstreuen und Limette und Gurke mit dem Stößel gut zerquetschen. Den Ananassaft darübergießen.

2 Das Longdrinkglas bis kurz unter den Rand mit gestoßenem Eis füllen. 6 Eiswürfel in den Shaker geben. Den Shaker verschließen und etwa 20 Sek. kräftig schütteln. Den Inhalt des Shakers durch das Barsieb (s. Tipp S. 11) in das Glas gießen.

3 Den Drink mit Zitronenlimonade aufgießen. Die Limetten- und Gurkenscheibe ins Glas geben und den Drink mit dem Trinkhalm sofort servieren. Vor dem Trinken einmal durchrühren.

Elder Is Kicking

Macht Müde munter, und zwar ohne Promille!
Zubereitung: ca. 5 Min.

Für 1 Longdrinkglas (250 ml)

4 cl Holunderbeersaft (aus dem Reformhaus oder Bioladen)
2 cl Bananen-Fruchtsaftgetränk
1 Spritzer Zitronensaft (am besten frisch gepresst)
1–1 1/2 cl Erdbeersirup
eiskaltes Sodawasser zum Aufgießen (s. Tipp S. 34)

Außerdem:

gestoßenes Eis | Barlöffel | Trinkhalm

1 Das Longdrinkglas etwa zu drei Vierteln mit gestoßenem Eis füllen. Den Holundersaft, das Bananen-Fruchtsaftgetränk, den Zitronensaft und den Erdbeersirup darübergießen. Alles mit dem Barlöffel einmal durchrühren.

2 Den Drink mit Sodawasser aufgießen und nach Belieben dekorieren (s. Tipp). Den Drink mit dem Trinkhalm sofort servieren.

Clever dekorieren

An **Deko** kommt für diesen Drink so Einiges in Frage: Sie können einige **sehr dünne Schalenstreifen von 1 Bio-Zitrone** auf den fertigen Drink geben oder 1 Cocktailspieß mit einigen **Bananenscheiben** bestücken und diesen auf den Glasrand legen. Am schönsten macht sich aber ein **Zuckerrand:** Geben Sie jeweils etwas Grenadinesirup und etwas Zucker in einen kleinen flachen Teller. Den Glasrand erst in den Sirup, dann in den Zucker tupfen – fertig!

vorne: Elder Is Kicking | hinten: Cucumberland

Trauben-Smoothie

mit Melisse-Pesto

Trauben-süß, Pistazien-nussig und Melisse-frisch | *Zubereitung: ca. 10 Min.*

Für 4 Longdrinkgläser (à 250 ml)

Für das Melisse-Pesto:

10 Zweige Zitronenmelisse
2 EL Pistazienkerne
1 EL Zucker
2 EL neutrales Öl (z. B. Soja- oder Rapsöl)

Für den Smoothie:

300 g helle kernlose Weintrauben
8 EL Apfelmus (aus dem Glas)
12 cl Orangensaft (am besten frisch gepresst)

Außerdem:

Pürierstab
elektrischer Standmixer
gestoßenes Eis
4 Zweige Zitronenmelisse für die Deko
4 Trinkhalme

1 Für das Pesto die Melisse waschen und trocken schütteln, die Blätter von den Zweigen zupfen, grob zerschneiden und in ein hohes Rührgefäß geben. Die Pistazienkerne grob hacken und mit dem Zucker und dem Öl dazugeben. Alles mit dem Pürierstab fein pürieren.

2 Für den Smoothie die Trauben waschen, abtrocknen und in den Standmixer geben. Das Apfelmus, den Orangensaft und das Pesto (4 EL) dazugeben.

3 Alles auf höchster Stufe durchmixen, bis eine homogene Flüssigkeit entstanden ist. 10 EL gestoßenes Eis dazugeben und alles noch einmal kräftig durchmixen.

4 Den Inhalt des Mixers auf die Longdrinkgläser verteilen. Jeweils 1 Melissezweig in die Gläser stecken und die Smoothies mit den Trinkhalmen sofort servieren.

Clever mixen

Wenn Ihnen die **Zubereitung des Pestos** zu aufwendig ist, lassen Sie es beim Mixen weg – der Smoothie hat dann zwar eine weniger weiche Konsistenz, schmeckt aber dennoch sehr, sehr lecker. Oder Sie mixen einige Zitronenmelisseblätter, grob gehackte Pistazienkerne und etwas Zuckersirup einfach so mit. Allerdings: Das Öl im Pesto ist Geschmacksverstärker und trägt viel zu einem »runden« Smoothie bei.

Get Passion
Smoothie

leicht beschwipster Tropentraum
Zubereitung: ca. 10 Min.

Für 4 Cocktailschalen (à 200 ml)

2 Maracujas (Passionsfrüchte)
Fruchtfleisch von 1 vollreifen Mango (240 g)
2 Scheiben frische Ananas (geputzt etwa 100 g)
8 cl Orangensaft (am besten frisch gepresst)
2 cl Crème de Bananes (gelber Bananenlikör; ersatzweise Bananen-Fruchtsaftgetränk)
4 cl Karamellsirup

Außerdem:

elektrischer Standmixer
gestoßenes Eis

1 Die Maracujas quer halbieren und das Fruchtfleisch aus den Schalen in den Mixer kratzen. Das Mango- und das Ananasfruchtfleisch grob zerschneiden und dazugeben. Den Orangensaft, den Bananenlikör (oder das Bananen-Fruchtsaftgetränk) und den Karamellsirup ebenfalls dazugeben.

2 Alles auf höchster Stufe durchmixen, bis eine homogene Flüssigkeit entstanden ist. 10 EL gestoßenes Eis dazugeben und alles noch einmal durchmixen. Den Inhalt des Mixers auf die Cocktailschalen verteilen. Die Smoothies sofort servieren.

Clever dekorieren

Für **exotischen Chic** auf dem Glas: Pro Glas von 2 Physalis (Kapstachelbeeren) die braunen Hüllblätter etwas zurückschlagen. 1 Physalis auf einen Cocktailspieß stecken, dann 2 Kumquathälften (Zwergorange), dann die zweite Physalis. Den Cocktailspieß auf den Glasrand legen.

Nektander-Smoothie

Sahnig, süß und sanft – Mandel-sanft!
Zubereitung: ca. 10 Min.

Für 4 Longdrinkgläser (à 250 ml)

8 EL Mandarin-Orangen (aus der Dose)
2 vollreife Nektarinen
4 cl Amaretto (ital. Mandellikör, nach Belieben)
1/2–1 cl Zitronensaft
(am besten frisch gepresst)
12 cl Sahne
8 cl Mandelsirup

Außerdem:

elektrischer Standmixer
gestoßenes Eis
4 Schalenspiralen von 1 Bio-Orange
für die Deko
4 Trinkhalme

1 Die Mandarin-Orangen abtropfen lassen. Die Nektarinen waschen, abtrocknen, halbieren und entsteinen. Das Fruchtfleisch klein schneiden und in den Mixer geben. Die Mandarin-Orangen mit dem Amaretto (nach Belieben), dem Zitronensaft, der Sahne und dem Mandelsirup dazugeben.

2 Alles auf höchster Stufe durchmixen, bis eine homogene Flüssigkeit entstanden ist. 10 EL gestoßenes Eis dazugeben und alles noch einmal durchmixen. Den Inhalt des Mixers auf die Longdrinkgläser verteilen. Die Orangenschalenspiralen auf die Smoothies geben und die Drinks mit den Trinkhalmen sofort servieren.

Mariage provençal

mediterraner Dessert-Smoothie mit »erwachsenen« Aromen

Zubereitung: ca. 10 Min. | Kochen: 20 Min. | Abkühlen: 1–2 Std.

Für 4 Cocktailschalen (à 200 ml)

Für den Honigsirup:

- 2 EL flüssiger Honig (z. B. Blütenhonig; ersatzweise brauner Zucker)
- 1 kleiner Zweig frischer Rosmarin (s. Tipp)

Für den Smoothie:

- 200 g Himbeeren (am besten TK; s. Tipp S. 29)
- 24 cl Vollmilch
- 4 EL milder, cremiger Ziegenfrischkäse (z. B. Chavroux, s. Tipp)
- 4 cl Himbeersirup

Außerdem:

- elektrischer Standmixer
- gestoßenes Eis
- frische Himbeeren und 4 Cocktailspieße oder Rosmarinzweige für die Deko

1 Für den Honigsirup den Honig mit 100 ml Wasser in einen kleinen Topf geben und einmal aufkochen. Dann offen bei kleiner Hitze etwa 15 Min. köcheln. Inzwischen den Rosmarinzweig waschen und trocken schütteln. Dazugeben und den Sirup weitere 5 Min. sanft kochen lassen. Den Sirup durch ein feines Sieb in eine kleine Schüssel gießen und in 1–2 Std. vollständig abkühlen lassen.

2 Nach dieser Zeit die Himbeeren unaufgetaut in den Mixer geben. Die Milch, den Ziegenfrischkäse, den Himbeersirup und den erkalteten Honigsirup (7–8 cl) ebenfalls dazugeben und alles auf höchster Stufe durchmixen, bis eine homogene Flüssigkeit entstanden ist. 7 EL gestoßenes Eis dazugeben und alles noch einmal durchmixen.

3 Den Inhalt des Mixers auf die Cocktailschalen verteilen. Für die Deko jeweils 4–5 frische Himbeeren auf einen Cocktailspieß oder Rosmarinzweig stecken. Die Cocktailspieße oder Rosmarinzweige auf die Glasränder legen und die Smoothies sofort servieren.

Clever tauschen

Die Kombination aus würzigen und süßen Aromen sagt Ihnen nicht so zu? Nehmen Sie anstelle von Ziegenfrischkäse **Doppelrahmfrischkäse** oder **griechischen Sahnejoghurt,** und lassen Sie den Rosmarin beim Sirupkochen weg.

Clever variieren

Wenn Sie auf dem Wochenmarkt **zuckersüße Brombeeren** entdecken (bitten Sie vor dem Kauf darum, eine Beere probieren zu dürfen!): Zuschlagen und den Smoothie damit mixen – er schmeckt dann noch mehr nach Provence!

Red Fizz Smoothie

schaumig-frischer Durstlöscher
Zubereitung: ca. 10 Min.

Für 4 Longdrinkgläser (à 250 ml)

12 EL Schattenmorellen (aus dem Glas)
1/2 kleine Wassermelone (ungeputzt etwa 1 kg)
8 cl Grenadinesirup
8 cl eiskalte klare Zitronenlimonade

Außerdem:

elektrischer Standmixer | gestoßenes Eis
einige Wassermelonenwürfel und 4 Cocktailspieße für die Deko | 4 Trinkhalme

1 Die Schattenmorellen abtropfen lassen. Das Melonenfruchtfleisch aus der Schale lösen. Kerne entfernen, das Fruchtfleisch klein würfeln und in den Mixer geben. Schattenmorellen und Grenadinesirup dazugeben.

2 Alles auf höchster Stufe zu einer homogenen Flüssigkeit durchmixen. 10 EL gestoßenes Eis und die Zitronenlimonade dazugeben und alles noch einmal durchmixen.

3 Den Inhalt des Mixers auf die Longdrinkgläser verteilen. Die Melonenwürfel für die Deko auf die Cocktailspieße stecken und diese auf die Glasränder legen. Die Smoothies mit den Trinkhalmen sofort servieren.

Clever tauschen

Wenn Kirschenzeit ist: Saftig-reife **Süßkirschen** (statt der Schattenmorellen) mitmixen! Nehmen Sie dann lieber etwas weniger Grenadinesirup, damit der Smoothie nicht zu süß wird.

Ha-Ha-Smoothie

Sauer macht sommerlustig! | *Zubereitung: ca. 10 Min.*

Für 4 Longdrinkgläser (à 250 ml)

je 160 g Heidelbeeren und Erdbeeren
16 cl Holunderbeersaft (aus dem Reformhaus oder Bioladen)
16 cl Vollmilch
4 EL griechischer Sahnejoghurt (10 % Fett)
8 cl Holunderblütensirup
4 EL Zitronensorbet (Fertigprodukt; nach Belieben)

Außerdem:

elektrischer Standmixer
gestoßenes Eis
4 dünne Schalenspiralen von 1 Bio-Zitrone (nach Belieben)
4 Trinkhalme

1 Die Heidelbeeren waschen, abtrocknen und in den Mixer geben. Die Erdbeeren waschen, abtrocknen, putzen, grob zerschneiden und ebenfalls in den Mixer geben.

2 Den Holundersaft, die Milch, den Joghurt und den Holundersirup zu den Beeren geben und alles auf höchster Stufe durchmixen, bis eine homogene Flüssigkeit entstanden ist. 10 EL gestoßenes Eis dazugeben und alles noch einmal durchmixen.

3 Den Inhalt des Mixers auf die Longdrinkgläser verteilen. Nach Belieben jeweils 1 EL Zitronensorbet und 1 Zitronenschalen-Spirale obenauf geben. Die Smoothies mit den Trinkhalmen sofort servieren.

links: Ha-Ha-Smoothie | rechts: Red Fizz Smoothie

Go For Gold
Smoothie

goldener Starter in einen goldenen Morgen | *Zubereitung: ca. 15 Min.*

Für 4 Longdrinkgläser (à 250 ml)

2 Bio-Limetten
16 Litschis (frisch oder aus der Dose)
2 Gold-Kiwis (geputzt etwa 180 g; s. Tipp)
4 Scheiben frische Ananas (geputzt etwa 260 g)
8 cl klarer Apfelsaft
4 cl Zuckersirup
16 kleine Blätter frische Minze

Außerdem:

elektrischer Standmixer
gestoßenes Eis
4 Scheiben von 1 grünen Kiwi (mit Schale)
4 Trinkhalme

1 Von den Limetten jeweils die Enden abschneiden und die Limetten so schälen, dass auch die weiße Innenhaut entfernt wird. Die Fruchtfilets mit einem scharfen Messer aus den Trennhäutchen direkt in den Mixer schneiden.

2 Die frischen Litschis schälen und das Fruchtfleisch von den Steinen ebenfalls in den Mixer schneiden (Litschis aus der Dose abtropfen lassen und in den Mixer geben). Die Kiwis schälen, längs halbieren und den weißen Strunk in der Mitte herausschneiden; Fruchtfleisch klein würfeln und dazugeben. Die Ananas ebenfalls würfeln und dazugeben.

3 Den Apfelsaft und den Zuckersirup in den Mixer gießen und alles durchmixen, bis eine homogene Flüssigkeit entstanden ist. Die Minzeblätter waschen, trocken tupfen und mit 10 EL gestoßenem Eis dazugeben. Alles noch einmal kurz durchmixen.

4 Den Inhalt des Mixers auf die Longdrinkgläser verteilen. Die grünen Kiwischeiben jeweils bis zur Mitte einschneiden und an die Glasränder stecken. Die Smoothies mit den Trinkhalmen sofort servieren.

Clever tauschen

Keine Gold-Kiwis (mit gelbem Fruchtfleisch) bekommen? Selbstverständlich können Sie auch »normale« **grüne Kiwis** verwenden – geschmacklich wirkt sich das überhaupt nicht aus. Farblich allerdings schon: Der Smoothie wird dann nicht goldgelb, sondern bekommt eine grünliche Färbung.
Mögen Sie's noch eine Spur **cremiger?** Dann nehmen Sie statt der 8 cl Apfelsaft nur 4 cl und mixen zusätzlich 4 cl ungesüßte **Kokosmilch** (aus der Dose) **oder Sahne** mit.

Da-Capo-Smoothie

Caprese-inspiriert – aber süß und ohne Pfeffer und Salz…

Zubereitung: ca. 15 Min. | Kochen: 20 Min. | Abtropfen: 2–3 Std.

Für 4 Longdrinkgläser (à 250 ml)

Für das süße Tomatenmus:

400 g Cocktailtomaten (s. Tipp)
8 EL Zucker

Für den Smoothie:

240 g Erdbeeren (am besten TK; s. Tipp S. 29)
8 cl Cranberry-Fruchtsaftgetränk
4 cl Limettensaft (am besten frisch gepresst)
8 Blätter Basilikum
8 cl eiskaltes Sodawasser (s. Tipp S. 34)

Außerdem:

elektrischer Standmixer
gestoßenes Eis
4 Zweige Basilikum für die Deko
4 Trinkhalme

1 Für das Tomatenmus die Cocktailtomaten waschen, abtrocknen, längs halbieren und in einen Topf geben. 400 ml Wasser und den Zucker dazugeben und alles einmal aufkochen. Offen bei kleiner Hitze 15–20 Min. köcheln lassen. Ein feines Sieb in eine Schüssel hängen. Die Tomaten in das Sieb abgießen und in 2–3 Std. abtropfen lassen.

2 Aus dem erkalteten Tomatenmus die Schalen herausfischen und wegwerfen; das Tomatenmus in den Mixer geben. Vom abgetropften Saft 4 cl abmessen und dazugeben.

3 Die unaufgetauten Erdbeeren mit dem Cranberry-Fruchtsaftgetränk und dem Limettensaft ebenfalls in den Mixer geben. Alles durchmixen, bis eine homogene Flüssigkeit entstanden ist. Die Basilikumblätter waschen und trocken tupfen. Mit 10 EL gestoßenem Eis und dem Sodawasser dazugeben und alles noch einmal durchmixen.

4 Den Inhalt des Mixers auf die Longdrinkgläser verteilen. Jeweils 1 Basilikumzweig in die Drinks stecken und die Smoothies mit den Trinkhalmen sofort servieren.

Clever mixen

Vollreife kleine »Sonnentanker« müssen die **Cocktailtomaten** sein, um diesem Smoothie den entscheidenden Geschmacksschliff zu geben. Nehmen Sie darum am besten die oval-länglichen so genannten **Datteltomaten** – sie bringen viel Saft und Süße mit!

Eiskaffee »Marula Orange«

Edel-Variante des Sommerklassikers
Zubereitung: ca. 15 Min. | Gefrieren: über Nacht

Für 2 Longdrinkgläser (à 250 ml)

2 Kugeln Vanilleeis (200 g, Fertigprodukt)
2 cl Orangenlikör (z. B. Cointreau)
2 cl Orangensaft (am besten frisch gepresst)
50 g Sahne | 1/2 Päckchen Vanillezucker
1 Stück Zartbitterschokolade (10 g, 70 % Kakaogehalt) | 1/4 l gekühlter Kaffee
8 cl Amarula Cream (Marulawein-Sahne-Likör; ersatzweise Baileys) | 6 cl Haselnuss-Sirup

Außerdem:

Shaker | Eiswürfel | Barsieb
einige sehr dünne Schalenstreifen von 1 Bio-Orange für die Deko | 2 Trinkhalme

1 Das Vanilleeis in eine kleine Schüssel geben und bei Zimmertemperatur in 2–3 Min. etwas antauen lassen. Dann mit Orangenlikör und Orangensaft cremig rühren. Das Eis ins Gefrierfach stellen und (am besten über Nacht) wieder gefrieren lassen.

2 Am nächsten Tag die Sahne mit dem Vanillezucker steif schlagen und kalt stellen. Die Schokolade fein reiben. Kaffee, Amarula und Haselnuss-Sirup mit 8 Eiswürfeln in den Shaker geben. Den Shaker verschließen und etwa 20 Sek. kräftig schütteln. Den Inhalt des Shakers durch das Barsieb in die Longdrinkgläser gießen.

3 Erst das Orangen-Vanilleeis, dann die Sahne auf die Gläser verteilen. Mit der geriebenen Schokolade bestreuen und die Orangenschalenstreifen daraufgeben. Die Eiskaffees mit den Trinkhalmen sofort servieren.

Milky Side Up

Latte Macchiato eiskalt und auf den Kopf gestellt
Zubereitung: ca. 5 Min.

Für 2 Longdrinkgläser (à 250 ml)

3 kleine Kugeln Vanilleeis (150 g, Fertigprodukt)
4 cl Karamellsirup
4 EL steif geschlagene Sahne
16 cl gekühlter Espresso

Außerdem:

etwas Kakaopulver zum Bestreuen
2 Trinkhalme

1 Das Vanilleeis in eine kleine Schüssel geben und bei Zimmertemperatur in etwa 1 Min. etwas antauen lassen. Dann mit dem Karamellsirup cremig rühren und die Sahne unterheben (s. Tipp).

2 Das Vanille-Sahne-Eis auf die Longdrinkgläser verteilen. Sofort den Espresso darübergießen. Die Eiskaffees mit etwas Kakaopulver bestreuen und mit den Trinkhalmen sofort servieren.

Clever mixen

Ist das Vanilleeis erst einmal angetaut und cremig gerührt, verflüssigt es sich sehr schnell. Darum ist bei dieser Eiskaffee-Spezialität **Tempo bei der Zubereitung** angesagt!

vorne: Eiskaffee »Marula Orange« | hinten: Milky Side Up

200
150
100
50

Frui-Tea
Ruby

leicht feinherber Durstlöscher | *Zubereitung: ca. 15 Min.* | *Abkühlen: 1 Std.* | *Kühlen: über Nacht*

Für 2 Longdrinkgläser (à 250 ml)

1/2 EL lose schwarze Teeblätter
1 Scheibe frische Ananas (geputzt etwa 65 g)
1 Bio-Orange (etwa 250 g)
2 cl Zitronensaft (am besten frisch gepresst)
4 cl Grenadinesirup

Außerdem:

Teefilter
Shaker | Stößel
gestoßenes Eis
Eiswürfel | Barsieb
je 1 Scheibe von 1 Bio-Orange und -Zitrone und 2 Süßkirschen für die Deko
2 Trinkhalme

1 Die Teeblätter in den Teefilter geben, diesen in eine kleine Schüssel hängen und mit 200 ml kochendem Wasser begießen. Den Tee etwa 2 Min. ziehen lassen. Den Teefilter herausnehmen. Den Tee in etwa 1 Std. vollständig abkühlen lassen und (am besten über Nacht) kalt stellen.

2 Die Ananas klein würfeln und in den Shakerbecher geben. Die Orange so schälen, dass auch die weiße Innenhaut entfernt wird. Die Fruchtfilets mit einem scharfen Messer aus den Trennhäutchen direkt in den Shakerbecher schneiden. Zitronensaft und Grenadinesirup dazugeben und die Früchte mit dem Stößel gut zerquetschen.

3 Für die Deko die Orangen- und die Zitronenscheibe halbieren. Die Longdrinkgläser etwa zur Hälfte mit gestoßenem Eis füllen. Jeweils eine 1/2 Orangen- und Zitronenscheibe sowie 1 Kirsche in die Gläser geben. Den Tee auf die Longdrinkgläser verteilen.

4 8 Eiswürfel in den Shaker geben. Den Shaker verschließen und etwa 20 Sek. kräftig schütteln. Den Inhalt des Shakers durch das Barsieb (s. Tipp S. 11) in die Gläser gießen. Die Eistees mit den Trinkhalmen sofort servieren.

Green Tea Lemonade

***süßsauer kombiniert** | Zubereitung: ca. 15 Min.
Kochen: 30 Min. | Abkühlen: 2 Std.*

Für 4 Tumbler (à 300 ml)

1 EL lose grüne Teeblätter (z. B. Gun Powder)
85 g Zucker | 2 Bio-Limetten
100 g helle kernlose Weintrauben
eiskaltes Sodawasser (s. Tipp S. 34) zum Aufgießen

Außerdem:

Teefilter | Stößel | gestoßenes Eis
8 kurze Trinkhalme

1 Für den Teesirup 1/4 l Wasser aufkochen und in einigen Min. auf etwa 80° abkühlen lassen. Die Teeblätter in den Teefilter geben. Diesen in eine kleine Schüssel hängen und mit dem Wasser begießen. Den Tee 2–3 Min. ziehen lassen. Den Teefilter herausnehmen und den Tee mit dem Zucker in einen kleinen Topf geben. Einmal aufkochen und offen bei mittlerer Hitze in etwa 30 Min. sirupartig einkochen lassen. Vom Herd nehmen und in etwa 2 Std. vollständig auskühlen lassen.

2 Die Limetten heiß waschen, abtrocknen und achteln. Die Stücke auf die Tumbler verteilen. Die Weintrauben ebenfalls waschen, abtrocknen und dazugeben. Limetten und Trauben mit dem Stößel gut zerquetschen.

3 Die Gläser zur Hälfte mit gestoßenem Eis füllen. Je 4–5 cl Teesirup darübergießen und die Gläser mit Sodawasser auffüllen. Die Eistees mit den Trinkhalmen sofort servieren.

Mint Bubbler

***Pfefferminztee spritzig aufgegossen** | Zubereitung: ca. 15 Min. | Abkühlen: 1 Std. | Kühlen: über Nacht*

Für 2 Tumbler (à 300 ml)

4 Zweige frische Minze
3–4 cl Limettensirup
eiskaltes Ginger Ale zum Aufgießen

Außerdem:

Teefilter
gestoßenes Eis
4 Kiwischeiben (mit Schale) für die Deko
4 kurze Trinkhalme

1 Die Minzezweige waschen, gut trocken schütteln und in den Teefilter geben. Diesen in eine kleine Schüssel hängen und mit 200 ml kochendem Wasser begießen. Den Tee etwa 5 Min. ziehen lassen. Den Teefilter herausnehmen. Den Tee in etwa 1 Std. vollständig abkühlen lassen und (am besten über Nacht) kalt stellen.

2 Die Tumbler etwa zur Hälfte mit gestoßenem Eis füllen. Den kalten Tee auf die Gläser verteilen. Den Limettensirup darübergießen und die Gläser mit Ginger Ale auffüllen. Die Kiwischeiben in die Gläser geben und mit den Trinkhalmen sofort servieren.

Clever tauschen

Ist keine frische Minze zur Hand? Kein Problem: Bereiten Sie den Tee mit **Pfefferminzteebeuteln** zu.

vorne: Green Tea Lemonade | hinten: Mint Bubbler

Juicy-Melon-Bowle

Super saftiger Bowlengenuss!
Zubereitung: ca. 15 Min. | Durchziehen: 2 Std.

Für 8–10 Gläser (à 200–250 ml)

- 1/4 Wassermelone (etwa 900 g)
- 250 g Erdbeeren
- 100 ml Blutorangen-Wodka (z. B. Puschkin Red Wodka; ersatzweise normaler Wodka)
- 200 ml Rosé-Wermut (z. B. Martini Rosato)
- 200 ml Cranberry-Fruchtsaftgetränk
- 50–60 ml Vanillesirup (ersatzweise Erdbeersirup)
- 2 Flaschen eiskalter Rosésekt (à 0,75 l)

1 Das Melonenfruchtfleisch aus der Schale schneiden und nach Belieben die Kerne entfernen. Das Melonenfruchtfleisch klein würfeln und in eine Schüssel geben. Die Erdbeeren waschen und entkelchen, je nach Größe längs halbieren oder klein würfeln und dazugeben.

2 Den Wodka, den Wermut, das Cranberry-Fruchtsaftgetränk und den Vanillesirup dazugeben und alles einmal durchrühren. Zugedeckt im Kühlschrank 1–2 Std. durchziehen lassen. Den Rosésekt langsam zu der Früchtemischung gießen und die Bowle sofort servieren.

Clever mixen

Für ein **grünes Kräuter-Topping** 4 Zweige Zitronenmelisse waschen, trocken schütteln und die Blättchen von den Stielen zupfen. Den eiskalten Sekt zu der Früchtemischung gießen und die Melisseblättchen unterrühren.

O'Berry-Bowle

Orangen-fruchtiger Beerenprickel

Zubereitung: ca. 15 Min. | Durchziehen: 5 Std.

Für 6–8 Gläser (à 200–250 ml)

je 250 g Himbeeren und Heidelbeeren
3 Orangen
100 ml Wodka
100 ml Orangenlikör (z. B. Cointreau)
2 EL Zucker
je 1/4 l eiskalter Orangensaft und Orangenlimonade
1 Flasche eiskalter trockener Sekt (0,75 l)

1 Die Beeren verlesen, waschen, trocken tupfen und in eine Schüssel geben. Die Orangen so schälen, dass auch die weiße Innenhaut entfernt wird. Die Fruchtfilets mit einem scharfen Messer aus den Trennhäutchen in die Schüssel schneiden.

2 Den Wodka mit dem Orangenlikör und dem Zucker so lange verrühren, bis sich der Zucker aufgelöst hat. Die Mischung zu den Früchten geben und zugedeckt im Kühlschrank 4–5 Std. durchziehen lassen.

3 Den Orangensaft unter die Früchtemischung rühren. Orangenlimonade und Sekt langsam angießen. Die Bowle sofort servieren.

Clever tauschen

Die Saison für frische Beeren ist schon vorbei? Die für die O'Berry-Bowle noch lange nicht: Einfach 500 g **gemischte TK-Beeren** unaufgetaut zu der Orangen-Wodka-Mischung geben!

Singapore-Sling-Bowle

zur Bowle verlängerter Cocktailklassiker

Zubereitung: ca. 30 Min. | Kochen: 20 Min. | Abkühlen: 2 Std. | Durchziehen: 12 Std.

Für 10–12 Gläser (à 200–250 ml)

Für den Sirup:

3 Stängel Zitronengras
150 g Zucker
3 Kaffir-Limettenblätter
1 Bio-Limette

Für die Bowle:

750 g Süßkirschen (ersatzweise Schattenmorellen aus dem Glas)
200 ml Gin
100 ml Kirschlikör (z. B. Heering)
2 Limetten (nach Belieben)
1 Flasche eiskalter trockener Weißwein (0,75 l)
3/4 l eiskaltes Sodawasser (s. Tipp S. 34)

1 Für den Sirup das Zitronengras waschen, putzen und in sehr dünne Ringe schneiden. Die Kaffir-Limettenblätter waschen und abtrocknen.

2 Knapp 1/4 l Wasser mit dem Zucker in einen Topf geben und einmal aufkochen. Das Zitronengras und die Limettenblätter dazugeben und alles offen bei kleiner Hitze etwa 10 Min. köcheln lassen. Inzwischen die Limette heiß waschen und abtrocknen. Die Hälfte der Schale abreiben, den Saft auspressen.

3 Die Limettenschalen zum Sirup geben und den Sirup offen weitere 10 Min. sanft kochen lassen. Vom Herd nehmen, den Limettensaft einrühren und den Sirup in 2 Std. vollständig auskühlen lassen. Den kalten Sirup durch ein feines Sieb in eine große Schüssel gießen.

4 Für die Bowle die Kirschen waschen, entsteinen und zum Sirup geben (Schattenmorellen vorher abtropfen lassen). Den Gin und den Kirschlikör darübergießen und alles einmal durchrühren. Zugedeckt im Kühlschrank 12 Std. (am besten über Nacht) durchziehen lassen. Kurz vor dem Servieren die Limetten auspressen. Saft, Weißwein und Sodawasser langsam angießen. Die Bowle sofort servieren.

Cocktail-Variante

Und hier das **Cocktail-Original:** 6 cl Gin, 4 cl Zitronensaft (am besten frisch gepresst) und 2 cl Zuckersirup in den Shaker geben. Ein Longdrinkglas (250 ml) etwa zu einem Drittel mit gestoßenem Eis füllen. 6 Eiswürfel in den Shaker geben. Den Shaker verschließen und etwa 20 Sek. kräftig schütteln. Den Inhalt des Shakers durch das Barsieb in das Glas gießen. Mit eiskaltem Sodawasser (s. Tipp S. 34) auffüllen und 2 cl Kirschlikör auf den Drink laufen lassen. 2 Cocktailkirschen ins Glas geben und den Drink mit einem Trinkhalm sofort servieren.

Japan-Bowle

mit Pflaumenwein veredelt
Zubereitung: ca. 20 Min. | Durchziehen: über Nacht

Für 6–8 Gläser (à 200–250 ml)

1 Stück frischer Ingwer (2–3 cm lang)
1 Flasche japan. Pflaumenwein (0,75 l)
2 EL Zucker | 20 ml Limettensaft (am besten frisch gepresst) | 400 g gelbe oder violette Pflaumen | 200 ml Ananassaft
1 Flasche eiskalter Rosésekt (0,75 l)

Außerdem:

Papier-Teefilter | Küchengarn

1 Den Ingwer mit dem Sparschäler schälen, in dünne Scheiben schneiden und in den Teefilter geben. Diesen mit Küchengarn zubinden und in einen Topf geben. Vom Pflaumenwein 100 ml abmessen und mit dem Zucker und dem Limettensaft dazugeben. Einmal aufkochen und offen bei kleiner Hitze etwa 5 Min. köcheln lassen. Vom Herd nehmen und etwas abkühlen lassen.

2 Inzwischen die Pflaumen waschen, halbieren und entsteinen. Die Pflaumenhälften in dünne Spalten schneiden und in eine Schüssel geben. Den lauwarmen Pflaumenwein-Sirup mit dem Teefilter, den restlichen Pflaumenwein und den Ananassaft dazugeben. Alles einmal durchrühren und zugedeckt über Nacht im Kühlschrank durchziehen lassen.

3 Am nächsten Tag den Teefilter entfernen. Den Rosésekt langsam angießen und die Bowle sofort servieren.

Apfel-Zimt-Bowle

Herbstaromen auf Sommer getrimmt
Zubereitung: ca. 20 Min. | Durchziehen: 3 Std.

Für 6–8 Gläser (à 200–250 ml)

150 g rote Johannisbeeren
1 Bio-Limette
2 kleine säuerliche Äpfel (etwa 350 g, z. B. Braeburn)
1/8 l Calvados
150 ml Crème de Cassis (franz. Johannisbeerlikör)
50–60 ml Zimtsirup
2 Flaschen eiskalter trockener Cidre (à 0,75 l)

1 Die Johannisbeeren waschen, trocken tupfen, von den Rispen zupfen und in eine Schüssel geben. Die Limette heiß waschen, abtrocknen, quer in dünne Scheiben schneiden und dazugeben.

2 Die Äpfel waschen, abtrocknen und halbieren, die Kerngehäuse herausschneiden. Die Hälften in dünne Spalten schneiden, diese quer halbieren und ebenfalls in die Schüssel geben. Sofort den Calvados, den Johannisbeerlikör und den Zimtsirup darübergießen.

3 Alles einmal durchrühren und zugedeckt im Kühlschrank 2–3 Std. durchziehen lassen. Den Cidre langsam angießen. Die Bowle sofort servieren.

Clever tauschen

Statt mit Cidre schmeckt die Bowle auch ausgezeichnet mit eiskaltem **Prosecco.** Oder Sie gießen jeweils 1 Flasche Cidre und Prosecco an.

vorne: Japan-Bowle | hinten: Apfel-Zimt-Bowle

Winterdrinks – Heißes für kalte Tage

Wenn's friert und schneit, sind sie die absoluten Favoriten: Egal ob Punsch, Glühwein oder Tee – Hauptsache, es wärmt!

Für 4 Tassen (à 250 ml)

500 ml Sauerkirschnektar
400 ml Weißwein
1 Zimtstange
8 Gewürznelken
2 Sternanis
14 schwarze Pfefferkörner
1 großes Stück Bio-Zitronenschale
80 ml Amaretto (ital. Mandellikör)
1–2 EL Honig (nach Belieben)
16 ganze geschälte Mandeln

Mandel-Kirsch-Punsch

schmeckt nach Süden | *im Bild links*
Zubereitung: ca. 20 Min.

1 Den Kirschnektar und den Wein mit den Gewürzen und der Zitronenschale in einen Topf geben und zugedeckt erhitzen. Sobald die Flüssigkeit leicht zu kochen beginnt, die Hitze reduzieren und bei kleiner Hitze etwa 15 Min. weiter ziehen lassen.

2 Amaretto in den Topf zugeben, evtl. nach Belieben mit Honig süßen und nur kurz heiß werden lassen, dann die Mandeln auf Tassen oder hitzebeständige Gläser verteilen, den heißen Mandel-Kirsch-Punsch durch ein Sieb darübergießen und heiß trinken.

Glühwein

Christkindlmarkt-Klassiker | *Zubereitung: ca. 25 Min.*

Für 4 Tassen (à 250 ml)

750 ml trockener, nicht zu schwerer Rotwein
Schale von 1/2 Bio-Zitrone
80 g Zucker
2 Zimtstangen
10 Gewürznelken
Saft von 2 Orangen
125 ml Orangenlikör (z. B. Cointreau)

1 Alle Zutaten bis auf den Orangenlikör in einen Topf geben und gut verrühren. Zugedeckt bei kleiner Hitze ganz langsam heiß werden lassen, bis der Wein leicht Schaum an der Oberfläche bildet. Auf diese Weise 10–15 Min. zugedeckt köcheln lassen.

2 Den Orangenlikör zugießen, unterrühren und nochmals zugedeckt bei ausgeschalteter Herdplatte 3–5 Min. mit der Restwärme nachziehen lassen. Dann heiß durch ein Sieb in Tassen oder große hitzebeständige Gläser gießen und den Glühwein ganz heiß trinken.

Clever tauschen

Anstelle von Orangenlikör schmecken auch andere Spirituosen wie z. B. **Portwein, Pflaumenlikör** oder auch mal **Amaretto** (davon allerdings höchstens 80 ml).

Variante: Weißer Zitrus-Glühwein

Für 4 Tassen (à 250 ml) | **10 Kardamomkapseln** mit einem schweren Messer oder im Mörser anquetschen. Mit **3 Sternanis, 1 Zimtstange** und **1 l nicht zu trockenem Weißwein** in einen Topf geben. **1 Bio-Orange** und **1/2 Bio-Zitrone** heiß waschen und in Scheiben schneiden (die Endstücke wegwerfen). Beides mit etwa **100 g Zucker** (je nach Säure des Weins evtl. später nochmals nachsüßen) zum Wein geben und ganz langsam erhitzen, dabei rühren, bis sich der Zucker aufgelöst hat. Dann etwa 15 Min. zugedeckt bei kleiner Hitze köcheln lassen. **5–6 EL Limoncello** (italienischer Zitronenlikör, ersatzweise Orangenlikör) unterrühren und nochmals 3–5 Min. zugedeckt auf der ausgeschalteten Herdplatte ziehen lassen. Durch ein Sieb in Tassen gießen und heiß trinken.

Schwedischer Glögg

alter Schwede – süß & hochprozentig
Zubereitung: ca. 35 Min.

Für 4–6 Gläser (à 250 ml)

6 Kardamomkapseln
1 Zimtstange
8 Gewürznelken
1 l kräftiger Rotwein
80 g Rosinen
20 ganze geschälte Mandeln
25 Stück Würfelzucker
150 ml Weinbrand (mind. 54 %)

1 Die Kardamomkapseln mit einem Messer aufritzen, die schwarzen Samen herauskratzen und mit einem schweren Gegenstand (z. B. Mörserstößel) oder der Schneide eines großen Messers anquetschen. Die Samen mit Zimtstange, Nelken und Wein in einen Topf geben und zugedeckt bei kleiner Hitze langsam erhitzen, bis der Wein fast kocht.

2 Die Rosinen und Mandeln dazugeben und zugedeckt bei kleiner Hitze 20 Min. ziehen, höchstens leicht köcheln lassen.

3 Kurz vor Garzeitende den Würfelzucker in einen zweiten kleinen Topf geben, mit dem Weinbrand übergießen und mit einem Streichholz vorsichtig anzünden. Wenn der Zucker vollständig geschmolzen ist, den heißen Weinbrand in den Topf zum Rotwein geben, gut umrühren, nochmals 5 Min. ziehen lassen, dann gleichmäßig auf hitzebeständige Gläser verteilen. Mit Teelöffeln für die Rosinen und Mandeln servieren.

Heißer Hippokras

scharf-würzig
Zubereitung: ca. 30 Min. | Ziehen: 30 Min.

Für 4 Gläser (à 250 ml)

1 1/2 Zimtstangen
12 Gewürznelken
1 TL Korianderkörner
3/4 TL Anissamen
14 Mandeln
2 kleine getrocknete Chilischoten
1 Stück frischer Ingwer (etwa 3 cm)
1 Apfel
1 l trockener Rotwein
5 EL Zucker

1 Alle Gewürze mit den Mandeln im Mörser oder mit einem schweren Gegenstand grob zerstoßen. Chilischoten 2–3 mal einritzen. Ingwer schälen und in Scheiben schneiden. Den Apfel waschen und in kleine Stücke schneiden, dabei den Stielansatz entfernen. Alles mit dem Wein und dem Zucker in einen Topf geben, verrühren und zugedeckt 30 Min. ziehen lassen.

2 Den Wein bei kleiner Hitze zugedeckt langsam erhitzen und dann etwa 20 Min. köcheln lassen. Durch ein Sieb abgießen und die Gewürze und Äpfel gut auspressen, dann sofort auf hitzebeständige Gläser oder Becher verteilen und heiß genießen.

Besonders clever!

Packen Sie die **Gewürze** in einen Mullbeutel, der mitgekocht wird – so wird der Hippokras klarer, und die Gewürze lassen sich leichter entfernen.

vorne: Schwedischer Glögg | hinten: Heißer Hippokras

1
2
3

Feuerzangenbowle

***ein köstliches »Schlöckchen«** | Zubereitung: ca. 25 Min.*

Für 8 Gläser (à 250 ml)

2 Bio-Orangen
1 Bio-Zitrone
1 Zimtstange
4 Gewürznelken
1 1/2 l kräftiger, trockener Rotwein
1 Zuckerhut
400 ml brauner Rum (mind. 54 %)

Außerdem:

1 Kochtopf
1 Rechaud
1 Feuerzangen-Zuckerzange oder 1 Drahtgitter
1 Schöpflöffel
Streichhölzer

1 Die Orangen und die Zitrone heiß waschen, trocken reiben. Die Schale von 1 Orange dünn abschneiden, den Saft beider Orangen auspressen. Die Zitrone in dünne Scheiben schneiden. Alles mit dem Zimt, den Nelken und dem Rotwein in einen Topf geben und bei kleiner Hitze langsam erhitzen (nicht kochen!).

2 Den Topf auf das Rechaud stellen und die Zuckerzange oder das Gitter auflegen, darauf den Zuckerhut legen. Den Zucker mit gut ein Drittel des Rums tränken (**Bild 1**). Dann den Zucker mit einem Streichholz vorsichtig anzünden (**Bild 2**) – am besten bei ausgeschaltetem Licht, so kommt die blaue Flamme besonders gut zur Geltung!

3 Jetzt nach und nach den Rest des Rums mit einer Schöpfkelle langsam und vorsichtig über den Zuckerhut gießen, damit er weiter brennt und die Flamme nicht erlischt. Sollte die Flamme erlöschen, etwas Rum in die Schöpfkelle geben und darin mit einem Streichholz anzünden. Dann den brennenden Rum vorsichtig über den Zuckerhut gießen (**Bild 3**). So tropft nach und nach der geschmolzene Zucker in die Bowle. Erst wenn der Rum aufgebraucht und möglichst viel von dem Zucker geschmolzen ist, die Bowle nochmals gut umrühren und möglichst heiß servieren.

Clever flambieren

Damit der Zuckerhut gut brennt, braucht es Rum mit mindestens 54 oder 56 Prozent Alkohol. Ist der Alkoholgehalt zu niedrig, lässt sich der Rum nicht richtig anzünden. Da erwärmter Alkohol besser brennt, kann man den Rum in einem zweiten kleinen Topf mit dem Wein erwärmen, um ihn dann wohltemperiert bei der Hand zu haben.

Whiskey Toddy

US-Klassiker | *Zubereitung: ca. 10 Min.*

Für 2 Gläser (à 250 ml)

1 Bio-Zitrone
8 Gewürznelken
8 cl Bourbon-Whiskey
2 Stück Würfelzucker
2 Zimtstangen

1 Die Zitrone heiß waschen, dann aus der Mitte zwei dicke Scheiben herausschneiden, die Enden auspressen. Die Zitronenscheiben halbieren und die Schale der Hälften mit jeweils 2 Nelken spicken. In zwei Gläser je 2 Zitronenhälften und 1 TL Zitronensaft geben. Darüber je 4 cl Whiskey gießen und je 1 Stück Würfelzucker auflegen.

2 In einem Topf oder dem Wasserkocher 350 ml Wasser zum Kochen bringen. Das kochende Wasser dann langsam auf die Gläser verteilen, dabei mit der Zimtstange umrühren. Vor dem Trinken so lange mit der Zimtstange rühren, bis sich der Zucker ganz aufgelöst hat.

Cremige Variante: Hot Buttered Rum

Noch ein amerikanischer Klassiker an kalten Tagen: **1/2 mit 3 Gewürznelken gespickte Bio-Zitronenscheibe** in ein Glas (250 ml) geben, **4 cl braunen Rum** und **8 cl klaren Apfelsaft** darübergießen und mit etwa 150 ml kochend heißem Wasser überbrühen, **1 TL braunen Zucker** dazugeben. Dann **1 TL Butter** auf die Oberfläche geben und schmelzen lassen. Zum Servieren mit etwas **gemahlener Muskatnuss oder Zimtpulver** bestreuen.

Variante mit Rum: Rum Grog

Nach einem ganz ähnlichen Prinzip, nur noch einfacher, wird der britische Grog zubereitet: **1–2 Würfelzucker oder Kandis** in ein Glas (250 ml) geben und mit kochend heißem Wasser aufgießen (nach Geschmack mehr oder weniger), dann **5–6 cl braunen Rum** zugeben und alles so lange verrühren, bis sich der Zucker aufgelöst hat. Wenn Sie möchten, können Sie auch hier noch **1 Bio-Zitronenscheibe oder etwas Zitronensaft** zusätzlich dazugeben.

Hot Cosmopolitan

urbaner Minipunsch

Für 1 Glas (200 ml) **1 Stück Zimtstange** (etwa 2 cm) in Stücke brechen und mit **1 Stück Bio-Limettenschale** (etwa 3 cm), **2 cl frisch gepresstem Limettensaft** und **100 ml Cranberry-Fruchtsaftgetränk** in einem kleinen Topf bei kleiner Hitze erwärmen und zugedeckt 5–7 Min. köcheln lassen. **4 cl Vanillewodka** (ersatzweise normaler Wodka) und **2 cl Orangenlikör** (z. B. Cointreau) dazugeben. Weitere 3 Min. zugedeckt bei ausgeschalteter Herdplatte ziehen lassen. Durch ein Sieb in ein kleines Glas gießen und mit einer **dünnen Limettenschalen-Spirale** verzieren.

Hot Caipirinha

einfach & Samba-heiß

Für 1 hitzebeständiges Glas (250 ml) **1 Bio-Limette** waschen, abtrocknen und halbieren, die Hälften in je 4 gleich große Stücke schneiden und in das Glas geben. **1 EL braunen Zucker** darübergeben und mit einem Stößel leicht anquetschen. **2 cl braunen Rum** und **4 cl Cachaça** darübergeben. Dann mit kochend heißem Wasser (etwa 180 ml) übergießen. **1 Zimtstange** zum Umrühren hineingeben und heiß servieren.

Minztee-Mojito

erfrischend anders

Für 1 Glas (250 ml) **3 Zweige Pfefferminze** waschen und trocken schütteln. 2 Zweige in eine Tasse geben und mit 200 ml kochendem Wasser übergießen, zugedeckt 5 Min. ziehen lassen. Inzwischen 5 Blättchen Minze vom übrigen Zweig abzupfen und mit **1 EL braunem Zucker, 1 Kardamomkapsel** und **1 halbierten Bio-Limettenviertel** in ein hitzebeständiges Glas geben. Mit einem Stößel anquetschen, nach Belieben **3 EL weißen Rum** darübergeben, dann mit dem heißen Tee übergießen.

Hot Amaretto Sour

einfach, sauer & lustig

Für 1 Glas (250 ml) 100 ml Wasser in einem kleinen Topf heiß werden lassen – das Wasser sollte beinahe kochen. Dann **7 cl frisch gepressten Zitronensaft, 5 cl Amaretto** und **1 1/2 TL Zucker** einrühren. Erhitzen und rühren, bis sich der Zucker ganz aufgelöst hat. Möglichst heiß in ein kleines Glas geben (besonders hübsch sind orientalische Teegläser) und nach Wunsch mit einigen ohne Fett **gerösteten Mandelblättchen** bestreuen.

Long Island Spiced Tea

wärmt garantiert

Für 1 Becher (300 ml) **1 Bio-Orange** halbieren, 1 Scheibe herausschneiden und halbieren, dann die beiden Orangen-Hälften auspressen. Eine Orangenscheibenhälfte mit dem Orangensaft, **2 EL frisch gepresstem Zitronensaft, 1/4 TL Lebkuchengewürz, 1 TL Vanillezucker** und **180 ml starkem Schwarztee** in einen Topf geben. Das Ganze einmal aufkochen und 3 Min. köcheln lassen. **3 EL braunen Rum, 2 EL Orangenlikör** und **1 EL Gin** unterrühren, nochmals 2 Min. ziehen lassen, dann in einen Becher gießen und mit der übrigen halben Orangenscheibe verzieren.

Tequila Winter Sun

ein Lichtblick im Wintergrau

Für 1 großes Glas (300 ml) **200 ml frisch gepressten Orangensaft** in einen Topf gießen. Mit **1/2 Zimtstange** etwa 5 Min. zugedeckt bei kleiner Hitze köcheln lassen. **2 cl Orangenlikör** (z. B. Cointreau) und **4 cl Tequila** zugeben und kurz heiß werden lassen. Durch ein feines Sieb in ein hitzebeständiges Glas gießen. Ganz langsam am Glasrand **2 cl Grenadinesirup** in den Drink laufen lassen. **1 Orangenscheibe** bis zur Hälfte einschneiden und als Deko an den Glasrand stecken.

Bratapfelwein-Punsch

am besten ofenfrisch

Zubereitung: ca. 15 Min. | Garen: 45 Min.

Für 4 Becher (à 250 ml)

4 mürbe Äpfel (z. B. Boskop)
1 EL frisch gepresster Zitronensaft
3 Msp. Zimtpulver
5 EL Zucker
750 ml lieblicher Cidre (frz. Apfelwein)
150 ml Calvados oder Cognac

1 Den Backofen auf 180° vorheizen. Die Äpfel schälen, vierteln und das Kerngehäuse wegschneiden. Anschließend die Apfelviertel in Stücke schneiden und mit dem Zitronensaft und Zimtpulver in einer kleinen, ofenfesten Auflaufform mischen. Den Zucker darüberstreuen, dann im Ofen (Mitte, Umluft nicht empfehlenswert) in etwa 40 Min. weich garen, dabei 2–3-mal mit dem ausgetretenen Saft übergießen oder umrühren.

2 Den Cidre zugedeckt bei kleiner Hitze heiß werden lassen. Die weichen Apfelstücke mit dem Calvados zusammen pürieren, den heißen Cidre dabei nach und nach zugeben. Heiß auf Tassen verteilen. Nach Geschmack noch mit Zucker nachsüßen.

Beerenpunsch

die perfekte Winterbowle

Zubereitung: ca. 15 Min. | Ziehen: 24 Std.

Für 4–6 Tassen (à 250 ml)

350 g TK-Beerenmischung
10 Pimentkörner
5 Sternanis
1 Zimtstange
75 g Zucker
180 ml Portwein
750 ml trockener Roséwein
250 ml Johannisbeernektar
1/2 Bio-Zitrone

1 Die Beeren unaufgetaut mit den Gewürzen, dem Zucker und Portwein in einem Topf mischen und zugedeckt 24 Std. (oder über Nacht) ziehen lassen.

2 Je 1 EL Beeren abnehmen (dabei darauf achten nicht die Gewürze zu erwischen!) und auf hitzebeständige Gläser oder Becher verteilen. Den Wein und Johannisbeernektar in den Topf geben, von der Zitrone zwei dicke Scheiben abschneiden und ebenfalls dazugeben.

3 Den Wein bei mittlerer Hitze fast zum Kochen bringen, dann bei kleiner Hitze etwa 10 Min. köcheln lassen, dabei die Beeren mit einer Gabel zermusen. Dann alles durch ein Sieb gießen und den Punsch anschließend heiß auf die vorbereiteten Tassen oder Becher verteilen und mit Löffeln servieren.

vorne: Beerenpunsch | hinten: Bratapfelwein-Punsch

Birnenpunsch

mild & fruchtig | *Zubereitung: ca. 20 Min.*

Für 4 Gläser (à 250 ml)

2 reife Birnen
1 Bio-Zitrone
1 Vanilleschote
4 Gewürznelken
750 ml klarer Birnensaft
2–3 EL brauner Zucker
60 ml Birnengeist

1 Die Birnen waschen, nach Wunsch schälen, vierteln, das Kerngehäuse entfernen, anschließend in kleine Stücke oder Würfelchen schneiden, dabei ein Viertel zur Deko beiseitelegen. Die Zitrone heiß waschen, abtrocknen, die Hälfte der Schale als Spirale abschälen, den Saft auspressen und sofort mit den Birnenstückchen mischen.

2 Die Vanilleschote längs aufschlitzen, mit der Zitronenschale, Nelken, Birnensaft und Zucker in einen Topf geben. Einmal aufkochen lassen und dabei rühren, bis sich der Zucker aufgelöst hat. Zugedeckt bei kleiner Hitze etwa 5 Min. ziehen lassen.

3 Die Birnenstückchen und den Birnengeist unterrühren und nochmals 3 Min. ziehen lassen. Den Punsch gleichmäßig auf hitzebeständige Gläser oder Becher verteilen. Das übrige Birnenviertel in Spalten schneiden und an den Glasrand stecken.

Clever variieren

Für einen **alkoholfreien Holunder-Birnen-Punsch** (für 4 Gläser à 250 ml) je 500 ml Birnensaft und Holunderbeersaft mit der Schale von 1/2 Bio-Zitrone, 3 Gewürznelken und 1 Sternanis aufkochen und 10 Min. ziehen lassen. Birnenstücke wie oben beschrieben zugeben und nach Wunsch zuckern.

Kumquat-Zitronengras-Punsch

exotisch | *Zubereitung: ca. 30 Min.*

Für 4 Gläser (à 250 ml)

12 Bio-Kumquats | 3 Stängel Zitronengras
1 Zimtstange | 750 ml trockener Weißwein
Saft von 4 Orangen (ca. 250 ml)
5–6 EL Zucker
50 ml Orangenlikör (z. B. Cointreau)

1 Die Kumquats heiß waschen und in Scheiben schneiden, dabei die Enden wegschneiden und die Kerne entfernen. Vom Zitronengras die äußeren 1–2 Blätter entfernen und nur etwa die unteren 15 cm verwenden. Diesen Teil einmal quer halbieren und mit einem schweren Gegenstand (Mörser oder Flasche) anquetschen. Zusammen mit den Kumquats, Zimtstange, Weißwein und Orangensaft in einen Topf geben.

2 Den Punsch erhitzen, bei kleiner Hitze zugedeckt 15 Min. köcheln lassen. Den Zucker mit dem Orangenlikör unterrühren und nochmals 2 Min. ziehen lassen. Den Punsch anschließend durch ein Sieb in hitzebeständige Gläser oder Becher füllen und ein paar der Kumquatscheiben mit dazugeben.

Clever tauschen

Anstelle von Weißwein und Orangensaft schmecken auch je **500 ml japanischer Pflaumenwein** (gibt's z. B. im Asienladen) und **500 ml klarer Birnensaft.**

Pflaumen-Ingwer-Punsch

mit wenig Alkohol | *Zubereitung: ca. 25 Min.*

Für 4 Becher (à 300 ml)

1 Stück frischer Ingwer (ca. 3 cm)
4 Sternanis
1 Zimtstange
1 l Pflaumennektar
5 EL Drambuie (Honiglikör)
Zucker nach Belieben

1 Den Ingwer schälen und in dünne Scheiben schneiden. Ingwer zusammen mit Sternanis, der Zimtstange und dem Pflaumennektar in einen Topf geben und erhitzen. Einmal aufkochen lassen, dann zugedeckt bei kleiner Hitze etwa 15 Min. köcheln lassen.

2 Den Drambuielikör unterrühren und nach Wunsch noch mit Zucker süßen. Zum Servieren durch ein Teesieb in Becher oder große hitzebeständige Gläser gießen.

Clever variieren

Pflaumen-Ingwer-Punsch mal ohne Alkohol: Geben Sie anstelle des Likörs gleich mit den Gewürzen **1 Msp. Vanillemark** in den Punsch und süßen Sie ihn kurz vor dem Servieren mit etwas **Honig oder Ahornsirup.** Egal ob mit oder ohne Alkohol: **Zum Aufhübschen** zusätzlich mit einer Haube leicht angeschlagener, gezuckerter Sahne servieren und etwas Zimtpulver darüberstreuen.

Apfelpunsch

aber bitte mit Sahne | *Zubereitung: ca. 20 Min.*

Für 4 Gläser (à 250 ml)

1 Stück frischer Ingwer (ca. 3 cm)
1 1/2 Zimtstangen
1 l naturtrüber Apfelsaft
200 g Sahne
2–3 EL Zucker
160 ml Calvados (frz. Apfelbrand)
Zimtpulver zum Bestreuen

1 Den Ingwer schälen und in Scheiben schneiden. Ingwer und Zimt mit dem Apfelsaft in einen Topf geben und zugedeckt bei kleiner Hitze etwa 10 Min. köcheln lassen.

2 Inzwischen die Sahne mit dem Zucker verrühren und mit den Schneebesen des Handrührgeräts steif schlagen.

3 Den Calvados in den Punsch rühren und zugedeckt bei kleiner Hitze nochmals 3–5 Min. ziehen lassen. Den Punsch durch ein Sieb in hitzebeständige Gläser oder Becher gießen, jeweils einen großzügigen Klecks Sahne daraufgeben und mit Zimtpulver bestreuen.

Clever variieren

Für Kids und alle, die auf Alkohol verzichten möchten, den Punsch einfach ohne Calvados zubereiten, aber zusätzlich evtl. noch mit **1–2 EL Honig oder Ahornsirup** süßen.

vorne: Apfelpunsch | hinten: Pflaumen-Ingwer-Punsch

Ananaspunsch

karibisch fruchtig | *Zubereitung: ca. 25 Min.*

Für 4 Gläser (à 250 ml)

1 Bio-Limette | 3 Stängel Zitronengras
3 Kardamomkapseln
8 Gewürznelken
1 Zimtstange
20 rosa Pfefferkörner
750 ml Ananassaft
Saft von 2 Orangen
4 Cocktailkirschen zum Dekorieren

1 Bio-Limette heiß waschen, 1 Stück Schale abschneiden, den Saft von einer Hälfte auspressen. Das Zitronengras waschen, die äußeren Blätter entfernen, den Strunk wegschneiden und nur die unteren 15 cm fein hacken. Die Kardamomkapseln im Mörser oder mit einem großen Messer leicht anquetschen. Alles mit den übrigen Gewürzen und Ananas- und Orangensaft in einen Topf geben.

2 Den Punsch einmal aufkochen, dann zugedeckt bei kleiner Hitze 15–20 Min. köcheln lassen. Übrige Limettenhälfte in 4 Scheiben schneiden. Den Punsch durch ein Sieb in hitzebeständige Gläser oder Becher gießen und je 1 Cocktailkirsche und Limettenscheibe hineingeben.

Clever aufpeppen

Für **Punsch mit Schuss** in den letzten 5 Min. der Kochzeit noch 40 ml braunen Rum und 2–3 EL Apricot Brandy dazugeben. Wer ganz auf Karibik setzt, verfeinert den Punsch mit einem Schuss Kokoslikör oder alternativ alkoholfrei mit Kokossirup.

Gewürz-Holler-Punsch

ohne Alkohol | *Zubereitung: ca. 15 Min.*

Für 4 Becher (à 300 ml)

450 ml klarer Apfelsaft
300 ml schwarzer Johannisbeernektar
150 ml Holunderbeersaft (aus dem Reformhaus oder Bioladen)
3 Bio-Orangen
1 1/2 Zimtstangen
8 Pimentkörner
15 Gewürznelken
2 EL Honig

1 Apfel-, Johannisbeer- und Holunderbeersaft in einen Topf geben. 1 Orange heiß waschen und ein kleines Stück Schale (etwa 3 cm) abschneiden, dann alle Orangen auspressen. Die Zimtstange zerbrechen und mit Piment, Nelken, Orangenschale und -saft ebenfalls in den Topf geben.

2 Den Punsch bei kleiner Hitze einmal aufkochen und zugedeckt etwa 10 Min. köcheln lassen. Den Honig hineingeben und rühren, bis er sich aufgelöst hat. Den Punsch durch ein Sieb in Becher oder große hitzebeständige Gläser gießen und heiß servieren.

vorne: Ananaspunsch | hinten: Gewürz-Holler-Punsch

Schlehen-feuerwasser

heizt ein | *Zubereitung: ca. 15 Min.*

Für 4 Becher (à 300 ml)

600 ml Schlehensaft
400 ml Kirschnektar
Saft von 1/2 Zitrone
2 Zimtstangen
8 Pimentkörner
1 Vanilleschote
2–3 EL Honig
70 ml Schlehenlikör
(ersatzweise Cassislikör)

1 Schlehen- und Kirschsaft mit dem Zitronensaft und den Gewürzen in einen Topf geben. Die Vanilleschote aufschlitzen und das Mark herauskratzen. Mark und Schote mit in den Topf geben und alles zum Kochen bringen. Dann bei kleiner Hitze zugedeckt 10 Min. köcheln lassen.

2 Den Honig und den Schlehenlikör unterrühren, dann möglichst heiß durch ein Sieb in Becher oder große hitzebeständige Gläser füllen und heiß genießen.

Clever variieren

Kindern schmeckt ein Schlehenpunsch, bei dem der Likör durch **1–2 EL Kirschsirup** ausgetauscht wird. Ansonsten schmeckt der Punsch auch so ohne Alkohol, dann aber evtl. etwas mehr Honig verwenden.

Trauben-Honig-Wein

honigsüß & würzig | *Zubereitung: ca. 20 Min.*

Für 4 Becher (à 300 ml)

500 ml Weißwein
250 ml weißer Traubensaft
je 1 TL Anis- und Fenchelsamen
16 schwarze Pfefferkörner
5 Gewürznelken
1 Zimtstange
150 g kräftiger Honig
2–3 EL frisch gepresster Zitronensaft

1 Weißwein und Traubensaft in einen Topf geben und mit 300 ml Wasser aufgießen. Die Gewürze zugeben und alles bei mittlerer Hitze zugedeckt einmal aufkochen lassen. Die Hitze reduzieren, dann weitere 15 Min. köcheln lassen.

2 Den Honig in den Topf einrühren und so lange rühren, bis er sich vollständig aufgelöst hat. Mit Zitronensaft abschmecken und dann durch ein Sieb in Becher oder große hitzebeständige Gläser verteilen.

Clever entschärfen

Anstelle von Weißwein gleich **frisch gebrühten Fencheltee** verwenden. Dann aber zusätzlich 1 Stück Bio-Zitronenschale mitkochen und etwas mehr Zitronensaft zugeben.

vorne: Schlehenfeuerwasser | hinten: Trauben-Honig-Wein

Red Russian

Frostschutz bei sibirischen Temperaturen

Für 1 Longdrinkglas (250 ml)
6 cl Cranberry-Fruchtsaftgetränk, 12 cl frisch gepressten Blutorangensaft, 3 cl Grenadinesirup, 4 cl Wodka und **1 Spritzer Angostura Bitter** mit **4 Eiswürfeln** in einen Shaker geben. Den Shaker gut verschließen und etwa 20 Sek. kräftig schütteln. Durch ein Barsieb in ein Longdrinkglas mit **4 Eiswürfeln** gießen. Nach Belieben mit **1 Orangenscheibe** am Glasrand verzieren.

Zimt-Apfel-Cooler

kühl und fruchtig erfrischend

Für 1 Longdrinkglas (250 ml)
1 Apfel waschen, eine Scheibe abschneiden, den Rest vierteln, Kerngehäuse entfernen, dann in grobe Stücke schneiden und mit einem Stößel grob zerdrücken. In den Shaker geben, **6 cl Southern Comfort, 6 cl klaren Apfelsaft, 2 cl Orangenlikör** (z. B. Cointreau), **1 Msp. Zimtpulver, 1 TL Orangenmarmelade** und **6 Eiswürfel** dazugeben. Den Shaker verschließen und etwa 20 Sek. kräftig schütteln. Durch ein Barsieb in das Glas gießen und die Apfelscheibe hineingeben.

Bloody Ginger

scharfer Vitaminschub

Für 1 Longdrinkglas (250 ml)
1 dicke Scheibe frischen Ingwer (etwa 1/2 cm) schälen, klein schneiden und mit dem Mörser grob zerquetschen. Den Ingwer mit **8 cl frisch gepresstem Blutorangensaft, 2 cl Orangenlikör** (z. B. Cointreau), **5 cl Wodka** und **1 cl Zuckersirup** mit **4 Eiswürfeln** in einen Shaker geben. Den Shaker verschließen und etwa 20 Sek. kräftig schütteln. **3 Eiswürfel** in das Glas geben, den Inhalt des Shakers durch ein Teesieb daraufgießen. Den Glasrand mit **1 Blutorangenscheibe** verzieren.

Grapefruit-Rosauro

herbwürziger Durstlöscher

Für 1 Longdrinkglas (250 ml) **1 Kardamomkapsel** im Mörser zerquetschen und in den Shaker geben. **10 cl frisch gepressten Pink-Grapefruit-Saft, 4 cl frisch gepressten Blutorangensaft, 2 cl frisch gepressten Limettensaft, 4 cl Gin, 2 cl Orangenlikör** (z. B. Cointreau) und **2 cl Mandelsirup** darübergießen. **4 Eiswürfel** dazugeben, den Shaker verschließen und etwa 20 Sek. kräftig schütteln. Den Drink durch ein Barsieb in ein Longdrinkglas mit **3–4 Eiswürfeln** gießen und mit Trinkhalm servieren.

Gebrannter Mandeltini

schmeckt nach Weihnachtsmarkt

Für 1 Cocktailschale (200 ml) **4 cl Wodka, 1 cl Amaretto, 1 cl Haselnusslikör** (z. B. Frangelico), **1 cl Karamellsirup** (gekauft oder selbst gemachter Karamell-Zimt-Sirup, s. S. 13) und **1 Msp. Zimtpulver** mit **4 Eiswürfeln** in einen Shaker geben. Den Shaker fest verschließen und etwa 20 Sek. kräftig schütteln. Den Drink durch ein Sieb in eine Cocktailschale gießen. Nach Belieben als Deko noch **1 gebrannte Mandel** in den Drink geben.

Granatapfel-Sekt

cooler Drink für gemeinsame Stunden am Kaminfeuer

Für 2 Drinks **1 Granatapfel** quer halbieren. Ein paar Kerne herauslösen, dann die beiden Hälften auf einer Saftpresse vorsichtig auspressen – Achtung es spritzt unter Umständen sehr, daher besser langsam und vorsichtig drücken und drehen. Den Saft und die Fruchtkerne auf 2 Sektkelche (à 200 ml) verteilen und mit **eiskaltem Sekt oder Champagner** auffüllen. Besonders schön: Die Sektkelche vor dem Einfüllen möglichst noch für 30 Min. im Gefrierfach anfrosten.

Marzipan-Mohn-Shake

ungewöhnlich

Zubereitung: ca. 15 Min. | Kühlen und Quellen: 1 Std.

Für 2 Gläser (à 250 ml)

3 EL gemahlener Mohn
300 ml Milch
1 Päckchen Vanillezucker
70 g Marzipanrohmasse
100 g Sahnejoghurt
2 EL Amaretto (nach Belieben)

Außerdem:

Pürierstab
etwas Mohn für die Deko
2 Trinkhalme

1 Den Mohn mit der Milch und dem Vanillezucker in einen Topf geben und einmal unter Rühren aufkochen lassen. Zugedeckt etwa 1 Std. auskühlen und quellen lassen.

2 Das Marzipan in kleine Stücke schneiden. Mit etwa einem Drittel der Milch vorsichtig mit dem Pürierstab glatt pürieren, dann nach und nach die übrige Milch zugießen und mitpürieren. Am Ende den Joghurt und nach Belieben Amaretto zugeben und alles schön schaumig pürieren. In Gläser füllen, evtl. mit etwas Mohn bestreuen und mit Trinkhalmen servieren.

Mandel-Orangen-Shake

für Caprifeeling im tiefsten Winter
Zubereitung: ca. 15 Min.

Für 2 Gläser (à 250 ml)

2 große Orangen
200 g Joghurt
1 EL Mandelmus (aus dem Bioladen)
1/4 TL Zimtpulver
1 EL Amaretto
4 EL Orangenlikör (z. B. Cointreau)
1–2 TL Zucker (nach Belieben)

Außerdem:

Eiswürfel
elektrischer Standmixer
Zimtpulver und 2 Orangenscheiben zum Dekorieren

1 Von den Orangen die Schale samt der inneren weißen Haut abschneiden. Orange halbieren, Kerne und innere weiße Haut entfernen, dann die Orange in Stücke schneiden.

2 Die Orangenstücke mit Joghurt, Mandelmus, Zimtpulver, Amaretto, Orangenlikör und 4 Eiswürfeln in den Standmixer geben oder mit der Küchenmaschine schaumig pürieren. Nach Wunsch mit Zucker süßen. In Gläser füllen und mit Zimtpulver bestäuben. Die Orangenscheiben bis zur Hälfte einschneiden und an den Glasrand stecken.

Birnen-Walnuss-Shake

vitaminreich | *Zubereitung: ca. 10 Min.*

Für 2 Gläser (à 250 ml)

1 große reife Birne
1 TL frisch gepresster Zitronensaft
1 EL Walnusskerne
300 ml Milch
3 EL Sanddornmus (aus dem Bioladen)
2 Kugeln Walnusseis
2 Msp. gemahlene Gewürznelken

Außerdem:

Pürierstab
2 Trinkhalme

1 Die Birne waschen, vierteln und das Kerngehäuse herausschneiden. Die Viertel schälen und in Stücke schneiden, dann sofort mit dem Zitronensaft mischen. Die Walnusskerne mit einem großen Messer fein hacken.

2 Die Birnenstücke mit der Milch, Sanddornmus, dem Walnusseis und 1 Msp. Nelken mit dem Pürierstab oder im Mixer schaumig pürieren. In Gläser füllen und mit den Walnüssen bestreuen und die restlichen gemahlenen Nelken darüberstäuben. Mit einem Trinkhalm servieren.

Clever variieren

Wenn Sie es gerne mit Schuss mögen, können Sie noch **1–2 EL Birnengeist** dazugeben.

Gewürzte Dattelmilch

orientalisch würzig | *Zubereitung: ca. 15 Min.*

Für 2 Tassen (à 300 ml)

8 weiche getrocknete Datteln (z. B. Medjool)
500 ml Milch
1/2 TL Zimtpulver
1/4 TL gemahlener Kardamom
2 Msp. gemahlene Muskatblüte (Macis)
1 Msp. gemahlener schwarzer Pfeffer

Außerdem:

Pürierstab
Zimtpulver zum Verzieren

1 Die Datteln halbieren und entkernen, dann in kleine Stücke schneiden. Die Datteln mit der Milch in einen kleinen Topf geben und die Gewürze unterrühren.

2 Die Milch fast zum Kochen bringen, dann die Hitze sofort reduzieren und bei kleiner Hitze 5–7 Min. köcheln lassen.

3 Die Milch vom Herd nehmen und mit dem Pürierstab schaumig pürieren. Sofort in Tassen oder große hitzebeständige Gläser gießen und nach Wunsch mit etwas Zimtpulver bestäuben. Die Dattelmilch schmeckt sowohl heiß als auch kalt.

vorne: Birnen-Walnuss-Shake | hinten: Gewürzte Dattelmilch

Kokosmakronen-Smoothie

cremig-fluffig

Zubereitung: ca. 10 Min. | Abkühlen: 1 Std.

Für 2 Tassen (à 300 ml)

250 ml Kokosmilch
200 g Sahne | 1/2 Vanilleschote
30 g weiße Schokolade | 2 TL Zucker
60 ml Kokoslikör (z. B. Batida de Coco)
3 EL Kokosraspel
3 Kugeln Zitronensorbet

Außerdem:

Pürierstab

1 Die Kokosmilch mit 60 g Sahne in einen Topf geben. Die Vanilleschote aufschneiden und das Mark herauskratzen. Mark und Schale zur Milch geben und unter Rühren zum Kochen bringen. Die Hitze reduzieren und die Schokolade und 1 TL Zucker unter Rühren darin schmelzen. Kokoslikör unterrühren, vom Herd nehmen und die Kokosmilch abkühlen lassen.

2 Die übrige Sahne mit dem übrigen Zucker steif schlagen, die Kokosraspel unterheben. Die Kokosmilch durchrühren, Vanilleschote herausfischen. Kokosmilch mit dem Zitronensorbet mit dem Pürierstab oder im Mixer schaumig pürieren. Gut zwei Drittel der Sahne unterheben. Den Kokosdrink auf Tassen oder große Gläser verteilen und die restliche Sahne daraufgeben.

Spekulatius-Shake

knusper, knusper Knäuschen

Zubereitung: ca. 10 Min.

Für 2 Gläser (à 250 ml)

75 g Spekulatiuskekse
100 g Sahne
1 TL Zucker
250 ml Milch
1/2 TL Lebkuchengewürz
2 Kugeln Mandel- oder Haselnusseis

Außerdem:

Nudelholz
Eiswürfel
Pürierstab
2 Eislöffel

1 Spekulatiuskekse in einen Gefrierbeutel geben und mit dem Nudelholz grob zerbröseln. Die Sahne mit dem Zucker steif schlagen.

2 Milch, Lebkuchengewürz, 6 Eiswürfel und das Mandel- oder Haselnusseis mit dem Pürierstab oder im Mixer schaumig pürieren. Am Ende gut zwei Drittel der Sahne und Kekse dazugeben und kurz mitpürieren.

3 Die Spekulatiusmilch in Gläser füllen. Die restliche Sahne auf die Gläser verteilen und die übrigen Keksbrösel darüberstreuen. Am besten mit Eislöffeln zum Umrühren und Auslöffeln servieren.

vorne: Spekulatius-Shake | hinten: Kokosmakronen-Smoothie

Hot Alexander

sahnig mit Schwips

Für 1 Drink **60 ml Milch, 4 cl Sahne, 2 cl Brandy** und **3 cl Crème de Cacao braun** (Schokoladenlikör) mit **1 TL Zucker** in einen kleinen Topf geben. Unter Rühren bei kleiner Hitze in etwa 5 Min. heiß werden lassen, bis sich der Zucker aufgelöst hat. Heiß in eine Cocktailschale (200 ml) oder ein Mokkatässchen gießen und mit **Zimtpulver** bestreuen.

Clever mixen

Zur **Krönung** schlagen Sie etwas Sahne mit Zimt und Zucker steif und geben einen Klecks davon auf den Drink.

Heiße Praline

zum Dahinschmelzen …

Für 1 Cocktail **40 g Zucker** in einem Topf hellbraun karamellisieren lassen. **6–8 cl Sahne** nach und nach zugeben und den Karamell bei mittlerer Hitze kochen, bis sich der Zucker vollständig gelöst hat. **Je 2 cl Brandy, Haselnusslikör** (z. B. Frangelico) und **Crème de Cacao braun** zugeben und verrühren. Warm in eine Cocktailschale (200 ml) gießen, **1 weiches Karamellbonbon** auf einen Holzspieß stecken und ins Glas geben.
Der Cocktail schmeckt auch abgekühlt, mit zusätzlich 4 cl Sahne und 2 Eiswürfeln etwa 20 Sek. im Shaker geschüttelt. Durch ein Sieb in eine Cocktailschale gießen.

Golden Saffron Bombay

ungewöhnlich & cool

Für 1 Cocktail **3 Kardamomkapseln** mit dem Mörser anquetschen und mit **1 Msp. Safranpulver** und **80 ml Milch** in einen Topf geben. Bei mittlerer Hitze zum Kochen bringen, **1–1 1/2 TL Zucker** unterrühren, bei kleiner Hitze 3 Min. ziehen lassen. Vom Herd nehmen und abkühlen lassen. Durch ein Sieb in einen Shaker gießen, **3 cl Gin, 4 cl Sahne** und **3 Eiswürfel** zugeben. Den Shaker fest verschließen und etwa 20 Sek. kräftig schütteln. Durch ein Barsieb in eine Cocktailschale (200 ml) gießen und kalt genießen.

Spicy Chocolate Flip

süß & gehaltvoll

Für 1 Drink **4 cl Apricot Brandy, 6 cl Crème de Cacao braun** (Schokoladenlikör), **2 cl Sahne** und **1 absolut frisches Eigelb** in einen Shaker geben. **2 Msp. Lebkuchengewürz** und **1 Msp. gemahlenen schwarzen Pfeffer** darüberstreuen. **4 Eiswürfel** dazugeben, den Shaker fest verschließen und etwa 20 Sek. kräftig schütteln. Durch ein Sieb in eine Cocktailschale (200 ml) gießen und mit etwas Pfeffer oder Lebkuchengewürz bestreuen oder nach Wunsch **1/2 Spekulatiuskeks** zerbröseln und darüberstreuen.

Karabanana

tropisch

Für 1 Drink **1/2 Banane** in Scheiben schneiden, in eine kleine beschichtete Pfanne geben und mit **1 EL Zucker** und **1 Msp. Zimtpulver** mischen. Bei mittlerer Hitze in etwa 4 Min. goldbraun karamellisieren lassen. **1 TL Zitronensaft, 2 cl weißen Rum, 2 cl braunen Rum** und **6 cl Kokosmilch** unterrühren. Banane gut mit einer Gabel zermusen oder pürieren, dann alles mit **3 Eiswürfeln** in einen Shaker geben. Den Shaker fest verschließen und etwa 20 Sek. kräftig schütteln. Den Shakerinhalt durch ein Barsieb in eine Cocktailschale (200 ml) gießen und mit **1 Prise Zimtpulver** bestreuen.

Zimtsternchen

perfekt als Dessert

Für 1 After-Dinner-Cocktail **6 cl Milch, 3 cl Sahne, 1 TL Haselnussmus** (aus dem Bioladen oder Reformhaus), je **1 Msp. Zimtpulver und gemahlene Gewürznelken** in einen kleinen Topf geben und unter Rühren bei mittlerer Hitze heiß werden lassen. Dann **6 cl Galliano** (ital. Vanillelikör), **1 cl braunen Rum** und **2 Spritzer Orangenlikör** (z. B. Cointreau) zugeben und alles kurz heiß werden lassen. Mit einem Schneebesen schaumig rühren, dann in eine Cocktailschale (200 ml) gießen und mit **1 zerbröselten Zimtstern** bestreuen. Sofort servieren.

Pumpkin Pie Shake

Halloween-Drink | *Zubereitung: ca. 1 Std. 25 Min.*

Für 2 Gläser (à 250 ml)

350 g Muskatkürbis
250 ml Milch
1/2 TL Zimtpulver
2 Msp. gemahlene Gewürznelken
je 1/4 TL Ingwerpulver, gemahlener Kardamom und Muskatnuss
2 EL Zucker
2 EL Rum (nach Belieben)
2 Kugeln Vanilleeis

Außerdem:

Pürierstab | 2 Trinkhalme

1 Den Backofen auf 175° vorheizen. Die Kerne und Fasern aus dem Inneren des Kürbisses herausschneiden, dann den Kürbis mit der Schale nach oben auf ein Blech legen und im heißen Ofen (Mitte, Umluft 160°) in etwa 1 Std. 15 Min. weich garen. Herausnehmen, kurz abkühlen lassen, dann das weiche Fruchtfleisch mit einem Löffel herauslösen.

2 200 g Kürbisfleisch mit 150 ml Milch, den Gewürzen, Zucker und nach Belieben Rum pürieren und in einem kleinen Topf bei kleiner Hitze 5 Min. heiß werden lassen.

3 Die übrige Milch mit dem Vanilleeis mit dem Pürierstab schaumig rühren. Das Kürbismus in hitzebeständige Gläser geben und die Vanillemilch daraufgießen. Zum Trinken mit Trinkhalmen oder Löffeln zum Umrühren servieren.

Maronen-Nougat-Milch

herzerwärmend | *Zubereitung: ca. 20 Min.*

Für 2 Gläser (à 250 ml)

150 g vorgegarte Maronen (vakuumverpackt)
400 ml Milch
1/2 Vanilleschote
2 Msp. abgeriebene Bio-Orangenschale
1/4 TL Zimtpulver
50 g Nussnougat-Schokolade
2 TL Honig | 2 EL Cognac (nach Belieben)

Außerdem:

Pürierstab | Zimtpulver zum Dekorieren

1 Die Maronen in kleine Stücke schneiden oder zerbröckeln und mit der Milch in einen Topf geben. Vanilleschote aufschneiden und das Mark herauskratzen. Vanillemark mit Orangenschale und Zimtpulver zur Milch geben. Unter Rühren zum Kochen bringen, dann bei kleiner Hitze 5 Min. köcheln lassen.

2 Nougatschokolade in Stücke brechen, in die Milch geben und unter Rühren schmelzen lassen. Honig und Cognac ebenfalls unterrühren. Die Milch mit dem Pürierstab schaumig pürieren und in hitzebeständige Gläser füllen. Mit etwas Zimtpulver bestäuben und heiß servieren.

Clever tauschen

Für eine etwas herbere Note lassen Sie den Honig weg oder probieren Sie etwas **Ahornsirup,** der hier auch super passt.

links: Maronen-Nougat-Milch | rechts: Pumpkin Pie Shake

Egg Nogg

US-Christmas-Klassiker | *Zubereitung: ca. 20 Min.*

Für 4 Tassen (à 300 ml)

1 l Milch
4 frische Eigelbe
2 EL Zucker
1 Päckchen Vanillezucker
2 Msp. Zimtpulver
2 Msp. gemahlene Muskatnuss
4 cl brauner Rum
5 cl Whiskey

1 Die Milch in einem Topf erhitzen – sie sollte nur köcheln. Inzwischen die Eigelbe in eine Schüssel geben und mit dem Zucker, Vanillezucker, Zimt und 1 Msp. Muskatnuss mit dem Schneebesen oder dem Handrührgerät schaumig und cremig weiß schlagen.

2 Die Eiermischung unter kräftigem Rühren mit dem Schneebesen in die Milch rühren. Unter Rühren erhitzen, aber auf keinen Fall kochen lassen. Rum und Whiskey nach und nach unter Rühren zugießen und den Egg Nogg heiß und schaumig in Tassen oder Becher gießen. Mit der übrigen gemahlenen Muskatnuss bestreut servieren.

Holländischer Eierpunsch

mild & cremig | *Zubereitung: ca. 45 Min.*

Für 2–3 Gläser (à 200 ml)

350 ml trockener Weißwein
1 Zimtstange
5 Gewürznelken
1 Stück Bio-Zitronenschale
4 frische Eigelbe
3 EL Zucker

1 Den Weißwein mit der Zimtstange, Nelken und Zitronenschale in einen Topf geben. Bei mittlerer Hitze fast zum Kochen bringen, dann zugedeckt bei kleiner Hitze etwa 25 Min. ziehen lassen. Vom Herd nehmen, etwa 5 Min. abkühlen lassen und durch ein Sieb abgießen.

2 Inzwischen die Eier mit dem Zucker in einer Metallschüssel kräftig mit dem Schneebesen verschlagen. Die Schüssel in einen Topf übers Wasserbad hängen. Jetzt unter kräftigem Rühren mit dem Schneebesen nach und nach von dem warmen Wein zugießen. Kräftig rühren, bis die Flüssigkeit cremig hell aufschäumt, dabei darauf achten, dass das Wasser im Topf nur köchelt.

3 Sobald der Wein vollständig aufgebraucht und der Punsch schön schaumig ist, diesen auf hitzebeständige Gläser oder Tassen verteilen und heiß servieren.

vorne: Egg Nogg | hinten: Holländischer Eierpunsch

Heiße Schokolade
mit Vanillewölkchen

einfach himmlisch | *Zubereitung: ca. 25 Min.*

Für 4–6 Tassen (à 250 ml)

Für die Schokolade:

100 g Zartbitterschokolade
800 ml Milch
1 Päckchen Vanillezucker
Zucker nach Belieben

Für die Vanillewölkchen:

1 Eiweiß (von 1 Ei, Größe S)
1 Prise Salz
1 Päckchen Vanillezucker
2 EL Zucker
100 ml Milch
1 EL Butter

Außerdem:

Kakaopulver zum Bestäuben

1 Für die heiße Schokolade die Schokolade mit dem Messer möglichst klein hacken oder mit der Reibe klein raspeln. Die Milch in einem Topf bei mittlerer Hitze heiß werden lassen – sie sollte nicht kochen. Die Schokolade einrühren und so lange rühren, bis sie vollständig geschmolzen ist. Den Vanillezucker unterrühren und nach Wunsch zusätzlich mit Zucker süßen.

2 Für die Vanillewölkchen das Eiweiß mit dem Salz, Vanillezucker und Zucker steif schlagen. Die Milch in einem kleinen Topf zum Kochen bringen. Die Butter in einer Pfanne oder einem breiten Topf bei kleiner Hitze schmelzen. Von dem Eischnee mit einem Teelöffel haselnussgroße Nocken abstechen und in die Pfanne setzen. Die heiße Milch vorsichtig zu den Nocken gießen, bis sie »schwimmen«. Einen Deckel auf die Pfanne legen und die Milch bei mittlerer Hitze aufkochen lassen.

3 Die heiße Schokolade auf Tassen verteilen. Die Vanillewölkchen aus der Milch nehmen und in die Schokolade setzen. Zum Servieren mit Kakao bestäuben.

Clever variieren

Die heiße Schokolade lässt sich noch zusätzlich aromatisieren: z. B. mit **6 EL Minzlikör** oder **100 ml Rum.** Oder Sie kochen die Schokolade mit **2–3 Prisen Chilipulver** oder **1/2 TL Zimtpulver** oder **Lebkuchengewürz** auf. Statt Vanillewölkchen ziert auch ein Klecks Schlagsahne – evtl. bestreut mit Schokoraspeln, Zimtpulver oder zerbröselten Amaretti (ital. Mandelmakronen) oder Spekulatiuskeksen.

Gingerbread Milk

***Christmas-Drink** | Zubereitung: ca. 10 Min.*

Für 2 Becher (à 300 ml)

300 ml Malzbier (alkoholfrei)
80 g Sahne
120 ml Milch
1/4 TL Ingwerpulver
2 Msp. Lebkuchengewürz
1 EL Zucker
2 EL Anislikör (z. B. Pernod)
6 Malz-Schoko-Kugeln zum Dekorieren

1 Das Malzbier mit der Sahne und Milch in einem Topf verrühren und bei kleiner Hitze unter Rühren langsam erhitzen. Die Gewürze einrühren und zugedeckt bei kleiner Hitze etwa 3 Min. köcheln lassen.

2 Dann den Zucker und den Likör in die Bier-Milch-Mischung einrühren und den heißen Drink in die Becher gießen. Die Malzkügelchen daraufgeben und den Drink sofort servieren.

Clever tauschen

Möchten Sie auf Alkohol verzichten, geben Sie anstelle des Likörs noch **1–2 Msp. gemahlenen Anis** dazu. Nehmen Sie dann evtl. noch eine Prise Zucker mehr.

Heiße weiße Schokolade

***mit rosa Bäckchen** | Zubereitung: ca. 15 Min.*

Für 2 Gläser (à 250 ml)

125 g TK-Himbeeren
3 EL Himbeergeist
1 TL Zucker
2 Kardamomkapseln
400 ml Milch
75 g weiße Schokolade

1 Die Himbeeren mit dem Himbeergeist und Zucker in einem Topf verrühren. Bei mittlerer Hitze etwa 5 Min. kochen lassen, dann in ein feinmaschiges Sieb gießen und mit einem Löffel durchstreichen, das Himbeermark auffangen.

2 Die Kardamomkapseln mit dem Mörser oder einem schweren Messer anquetschen und mit der Milch unter Rühren aufkochen lassen. Bei kleiner Hitze etwa 5 Min. köcheln lassen. Dann die Schokolade zerbröckeln und unter Rühren in der Milch auflösen.

3 Die Milch durch ein Sieb in hitzebeständige Gläser füllen. Das Himbeermark auf die Milch gießen und mit einem langen Löffel (Eislöffel) zum Umrühren servieren.

vorne: Heiße weiße Schokolade | hinten: Gingerbread Milk

Café flambée

heißer Wachmacher | *Zubereitung: ca. 20 Min.*

Für 2 Tassen (à 300 ml)

100 g Sahne
5 Kardamomkapseln
1/2 Zimtstange
1 Stück Muskatblüte (Macis)
1/4 TL abgeriebene Bio-Orangenschale
4 EL Orangenlikör (z. B. Cointreau)
100 ml Weinbrand
2 EL Zucker
300 ml frisch gebrühter Mokka oder starker Kaffee
Zucker nach Belieben

1 Die Sahne mit dem Handrührgerät nur leicht, nicht vollständig steif schlagen. Die Kardamomkapseln, Zimtstange und Macis im Mörser oder mit dem Nudelholz anquetschen bzw. grob zerbröseln. Mit der Orangenschale, dem Orangenlikör, Weinbrand und Zucker in einen Topf geben.

2 Die Mischung im Topf auf dem Herd erhitzen, aber nicht aufkochen. Dann vom Herd nehmen und zum Flambieren die Alkoholmischung mit einem Streichholz vorsichtig anzünden. Ca. 30 Sek. brennen lassen, dann den Kaffee ganz vorsichtig zugießen, sodass die Flamme möglichst nicht erlischt.

3 Nach Erlöschen der Flamme den Kaffee durch ein Sieb in die Tassen verteilen und jeweils einen großzügigen Klecks Sahne daraufgeben. Nach Wunsch mit Zucker zum Süßen servieren.

Café indochine

exotisch & ungewöhnlich | *Zubereitung: ca. 15 Min.*

Für 2 Espressotassen (à 100 ml)

50 g Sahne
6 geröstete, ungesalzene Erdnüsse
3/4 TL Sesamsamen
1/2 TL Butter
2 Msp. Zimtpulver
2 Msp. gemahlener Kardamom
2 TL Zucker
2 Tassen frisch gebrühter Espresso (à ca. 75 ml)

1 Die Sahne nur leicht an- und nicht ganz steif schlagen, dann kalt stellen. Erdnüsse und 1/2 TL Sesamsamen in einem Mörser grob zerstoßen.

2 Nüsse und Samen mit der Butter in eine kleine beschichtete Pfanne geben und heiß werden lassen. Zimtpulver und Kardamom darüberstreuen und alles bei mittlerer Hitze etwa 3 Min. rösten, dabei immer wieder mit einem Holzlöffel gut umrühren. Vom Herd nehmen und den Zucker unterrühren.

3 Die Gewürz-Nuss-Mischung in die Espressotassen oder Mokkagläschen verteilen. Den Espresso darübergießen und jeweils etwas von der Sahne darüberlöffeln. Die Sahne mit den übrigen Sesamsamen bestreuen und den Drink heiß mit einem Teelöffel zum Rühren und Auslöffeln servieren.

vorne: Café flambée | hinten: Café indochine

Mandel-Schoko-Latte

traumhaft schaumig | *Zubereitung: ca. 10 Min.*

Für 2 große Gläser (à 300 ml)

2 EL Mandelblättchen
400 ml fettarme Milch
2 Msp. Zimtpulver
1 Msp. gemahlene Gewürznelken
4 EL Amaretto (ital. Mandellikör)
4 EL Crème de Cacao white (Kakaolikör)
2 Tassen frisch gebrühter Espresso (à ca. 75 ml)

Außerdem:

Milchaufschäumer
Kakaopulver zum Bestäuben
Zucker zum Süßen nach Belieben

1 Mandelblättchen in einer Pfanne ohne Fett rösten, bis sie hell bräunen und duften. Aus der Pfanne nehmen und abkühlen lassen.

2 Inzwischen die Milch in einen Topf geben und heiß werden, aber nicht kochen lassen. Zimtpulver und Nelken, Amaretto und Kakaolikör unterrühren. Dann die Milch mit dem Milchaufschäumer oder im Mixer schaumig aufschlagen.

3 Die heiße Milch in große hitzebeständige Gläser gießen. Den Espresso über den Rücken eines Teelöffels ganz langsam am Rand des Glases in die Milch einlaufen lassen, damit sich zwei Schichten ergeben. Die Mandeln auf die Milch geben und mit Kakaopulver bestäuben. Evtl. nach Wunsch mit Zucker zum Süßen servieren.

Geschmacks-Variante: Vanillatte

Für 2 große Gläser (à 300 ml) | **1 Vanilleschote** längs aufschneiden und das Mark herauskratzen. Vanillemark und -schote mit **400 ml fettarmer Milch** in einem Topf unter Rühren aufkochen, dann etwa 10 Min. bei kleiner Hitze zugedeckt köcheln lassen. Vanilleschote entfernen und die Milch wie beschrieben aufschäumen. Nach Wunsch mit **Zucker** süßen und auf hitzebeständige Gläser verteilen. **2 Tassen Espresso** wie beschrieben dazugeben. Besonders lecker: Zusätzlich **100 g Sahne** steif schlagen, vorsichtig mit **3 EL Eierlikör** verrühren und oben auf die Vanillatte geben.

Cremige Variante: Karamellatte

Für 2 große Gläser (à 300 ml) | **2 geh. EL Zucker** in einem Topf hellbraun karamellisieren lassen. Vorsichtig **400 ml fettarme Milch** zugießen. Die Milch bei kleiner Hitze etwa 10 Min. köcheln lassen, bis sich der Karamell vollständig gelöst hat. **6 EL Irish-Cream-Likör** unterrühren und wie beschrieben schaumig mixen. Die Karamellmilch auf hitzebeständige Gläser verteilen und wie beschrieben **2 Tassen Espresso** zugießen. Nach Wunsch noch mit je **1 TL Haselnusskrokant** bestreut servieren.

Karamell-Chai

süß & würzig | *Zubereitung: ca. 25 Min.*

Für 2–3 Tassen (à 300 ml)

18 Gewürznelken
20 Kardamomkapseln
1 Zimtstange
1 Stück frischer Ingwer (ca. 1,5 cm)
10 weiche Karamellbonbons
300 ml Milch

Außerdem:

Milchaufschäumer

1 Die Gewürze im Mörser grob zerstoßen und in einen Topf geben. Den Ingwer schälen und in Scheiben oder Streifen schneiden. Den Topf heiß werden lassen, bis die Gewürze zu duften anfangen. Dann 600 ml Wasser zugießen und den Ingwer hineingeben. Einmal aufkochen, dann zugedeckt bei kleiner Hitze etwa 20 Min. köcheln lassen.

2 Inzwischen die Karamellbonbons in Stücke schneiden und mit der Milch in einen zweiten Topf geben. Die Bonbons unter Rühren auflösen.

3 Das Gewürzwasser durch ein feines Sieb zu der Karamellmilch gießen. Alles nochmals aufkochen lassen und evtl. mit einem Milchaufschäumer oder dem Schneebesen schaumig schlagen. Auf Tassen verteilen und heiß genießen.

Variante: Masala-Chai (Gewürztee)

Für 2–3 Tassen (à 250 ml) | **6 Kardamomkapseln, 1 Zimtstange, 4 Gewürznelken, 8 schwarze Pfefferkörner** im Mörser grob zerstoßen. In einen Topf geben und erhitzen, bis die Gewürze leicht duften. 300 ml Wasser zugießen und zum Kochen bringen. Inzwischen **1 Stück frischen Ingwer** (etwa 3 cm) schälen und grob zerschneiden. Ins kochende Wasser geben und alles 8 Min. bei kleiner Hitze zugedeckt köcheln lassen. **250 ml Milch** zugießen, verrühren und unter Rühren zum Kochen bringen. Sobald die Flüssigkeit kocht, **1 geh. EL losen Schwarztee** und **2 EL Zucker** zugeben und 2–3 Min. unter Rühren mitkochen. Durch ein Sieb in Tassen abgießen. Wer will, süßt noch zusätzlich nach – der Tee sollte richtig süß sein!

Blitzvariante

Haben Sie **Karamellsirup** im Schrank stehen? Dann nehmen Sie einfach diesen anstelle der Bonbons zum Aromatisieren der Milch. Die Milch trotzdem vorher erwärmen, damit der Chai schön heiß bleibt.

Duftiger Blütenwundertee

blumig-duftig | *Zubereitung: ca. 20 Min.*

Für 2–3 Tassen (à 300 ml)

5 getrocknete Aprikosen
1 Stück Vanilleschote (ca. 2 cm)
2 geh. TL getrocknete Kamillenblüten
frisch gepresster Saft von 1 Mandarine
80 ml Pflaumenwein
2–3 EL Orangenblütenwasser
Akazien- oder Lindenblütenhonig zum Süßen (nach Belieben)

1 Die Aprikosen klein würfeln, die Vanilleschote aufschlitzen und das Mark herauskratzen. Aprikosenwürfel mit Vanillemark und -schote mit 400 ml Wasser in einen kleinen Topf geben und aufkochen lassen.

2 Die Kamillenblüten einrühren und alles bei kleiner Hitze zugedeckt etwa 12 Min. köcheln lassen. Mandarinensaft dazugießen und 3 Min. mitköcheln. Pflaumenwein unterrühren und nur noch kurz heiß werden lassen. Durch ein Sieb in Tassen gießen und jeweils 1–1 1/2 EL Orangenblütenwasser darüberträufeln. Nach Wunsch zusätzlich noch mit Honig süßen.

Clever tauschen

Zum **alkoholfreien Genuss** wird der Drink, wenn man den Pflaumenwein durch klaren Birnensaft ersetzt.

Rosa Kokos-Hibiskus-Tee

tropisch und sonnig warm | *Zubereitung: ca. 15 Min.*

Für 2–3 Tassen (à 300 ml)

1 Stängel Zitronengras
300 ml Kokosmilch
12–14 getrocknete Hibiskusblüten (ca. 2 geh. Esslöffel)
2 EL Zucker
3 EL Kokoslikör (z. B. Batida de Coco, nach Belieben)

1 Die äußeren zwei Blätter des Zitronengrases entfernen, dann den Stängel längs vierteln und in kleine Stücke schneiden. Zusammen mit 250 ml Kokosmilch, 250 ml Wasser und den Hibiskusblüten in einen kleinen Topf geben. Unter Rühren einmal aufkochen, dann zugedeckt 8–10 Min. bei kleiner Hitze köcheln lassen.

2 Den Zucker, übrige Kokosmilch und nach Belieben den Kokoslikör unterrühren. Nochmals kurz heiß werden, aber nicht mehr kochen lassen. Durch ein Sieb ganz heiß in Tassen füllen und servieren.

vorne: Rosa Kokos-Hibiskus-Tee | hinten: Duftiger Blütenwundertee

Asiatischer Litschi-Tee

ungewöhnlich & fruchtig | *Zubereitung: ca. 15 Min.*

Für 3–4 Tassen (à 250 ml)

- 10 Kaffir-Limettenblätter (aus dem Asienladen)
- 1/2 Bio-Limette
- 1 Stück frischer Ingwer (ca. 1,5 cm)
- 7 Litschis
- 1 EL loser Jasmintee
- 1 1/2 EL brauner Zucker oder Honig

1 Die Limettenblätter waschen und in Streifen schneiden. Die Limette heiß waschen, dann in vier Stücke schneiden. Den Ingwer schälen und in dünne Streifen schneiden. Alles mit 750 ml Wasser in einen Topf geben. Einmal aufkochen, dann bei kleiner Hitze etwa 10 Min. zugedeckt köcheln lassen.

2 Inzwischen die Litschis schälen und vierteln, dabei den Kern entfernen. Das Fruchtfleisch mit dem Mörserstößel leicht anquetschen und samt Saft in den Topf geben und alles nochmals aufkochen lassen. Den Tee hineinstreuen, Topf vom Herd ziehen und zugedeckt etwa 3 Min. ziehen lassen.

3 Den Tee durch ein Sieb in große Tassen abgießen und nach Wunsch mit Zucker oder Honig süßen.

Apfel-Quitten-Tee

herb-fruchtig | *Zubereitung: ca. 20 Min.*

Für 3–4 Tassen (à 250 ml)

2 EL loser Apfeltee (Teeladen oder türkisches Lebensmittelgeschäft)
1 Zimtstange
4 Pimentkörner
1 Stück Bio-Zitronenschale
400 ml Quittensaft (Bioladen)
2 EL Kandiszucker
2 EL Rosinen

1 Den Tee mit Zimt, Pimentkörnern, Zitronenschale und 350 ml Wasser in einen Topf geben. Den Tee zum Kochen bringen, dann etwa 10 Min. zugedeckt bei kleiner Hitze köcheln lassen.

2 Den Quittensaft dazugeben und 5 Min. mit heiß werden lassen. Kandiszucker und Rosinen auf Tassen oder hitzebeständige Gläser verteilen und den Tee durch ein Sieb darübergießen. Mit Teelöffeln zum Umrühren servieren.

Clever variieren

Darf's ein wenig Alkohol im Tee sein? Legen Sie die Rosinen schon am Abend vorher in 50 ml Rum ein und geben Sie sie als **Rumrosinen** in den Tee. Als **Deko** macht sich übrigens eine dünne Scheibe Apfel gut – bis zur Hälfte einschneiden, mit etwas Zitronensaft bestreichen und einfach an Tassen- oder Glasrand stecken.

Lady Grey's
Zitrustee-Punsch

Besser als Five o'Clock Tea! | *Zubereitung: ca. 20 Min.*

Für 4 Tassen (à 250 ml)

1 Bio-Zitrone
1 Stück frischer Ingwer (ca. 1,5 cm)
Saft von 4 Mandarinen
3 EL loser Earl-Grey-Tee
200 ml Limoncello (ital. Zitronenlikör)
4 EL brauner Rum
2–3 EL groben weißen Kandiszucker

Außerdem:

Teesieb

1 Die Zitrone heiß waschen und abtrocknen, von knapp einer Hälfte die Schale dünn abschneiden, anschließend den Saft der ganzen Zitrone auspressen. Den Ingwer schälen und in dünne Scheiben schneiden.

2 Den Mandarinensaft mit Zitronensaft und -schale und dem Ingwer in einen kleinen Topf geben, 150 ml Wasser dazugeben und bei mittlerer Hitze zum Kochen bringen. Zugedeckt bei kleiner Hitze etwa 10 Min. köcheln lassen.

3 Inzwischen den Tee in ein Teesieb geben und mit 400 ml kochendem Wasser übergießen, 3–5 Min. ziehen lassen, dann das Teesieb herausnehmen.

4 Den Tee in den Topf gießen und den Limoncello und Rum unterrühren. Richtig heiß werden lassen. Kandiszucker auf Tassen verteilen und den Punsch durch ein Sieb daraufgießen. Heiß genießen.

Variante: Jagertee

Diese österreichische Spezialität darf auf keiner Skihütte fehlen! Für 4 Tassen oder Becher (à 300 ml) **500 ml frisch aufgebrühten schwarzen Tee** mit **500 ml trockenem Rotwein** in einen Topf geben. **1 Zimtstange, 4 Gewürznelken** und etwa **4 EL Zucker** dazugeben und bei kleiner Hitze etwa 10 Min. erhitzen, höchstens köcheln lassen. Dann je nach Geschmack **6–8 cl Obstbrand** oder **4 cl Rum** und **4 cl Obstbrand** zugeben und heiß auf Tassen verteilen. Wem das zu alkohollastig ist, kann mit dem Wein **80 ml frisch gepressten Orangensaft** erhitzen und am Ende weniger Obstschnaps zugeben – so schmeckt's auch fruchtiger.

Unsere Garantie

Alle Informationen in diesem Ratgeber sind sorgfältig und gewissenhaft geprüft. Sollte dennoch einmal ein Fehler enthalten sein, schicken Sie uns das Buch mit dem entsprechenden Hinweis an unseren Leserservice zurück. Wir tauschen Ihnen den GU-Ratgeber gegen einen anderen zum gleichen oder einem ähnlichen Thema um.

Liebe Leserin und lieber Leser,

wir freuen uns, dass Sie sich für ein GU-Buch entschieden haben. Mit Ihrem Kauf setzen Sie auf die Qualität, Kompetenz und Aktualität unserer Ratgeber. Dafür sagen wir Danke! Wir wollen als führender Ratgeberverlag noch besser werden. Daher ist uns Ihre Meinung wichtig. Bitte senden Sie uns Ihre Anregungen, Ihre Kritik oder Ihr Lob zu unseren Büchern. Haben Sie Fragen oder benötigen Sie weiteren Rat zum Thema? Wir freuen uns auf Ihre Nachricht!

GRÄFE UND UNZER VERLAG
Leserservice
Postfach 86 03 13
81630 München

Wir sind für Sie da!
Montag–Donnerstag: 8.00–18.00 Uhr
Freitag: 8.00–16.00 Uhr
Tel.: 0180 - 500 50 54*
Fax: 0180 - 501 20 54*
E-Mail: leserservice@graefe-und-unzer.de

*(0,14 €/Min. aus dem deutschen Festnetz, Mobilfunkpreise können abweichen)

P.S.: Wollen Sie noch mehr Aktuelles von GU wissen, dann abonnieren Sie doch unseren kostenlosen GU-Online-Newsletter und/oder unsere kostenlosen Kundenmagazine.

GRÄFE UND UNZER

Ein Unternehmen der
GANSKE VERLAGSGRUPPE

Die Autorinnen

Tanja Dusy und **Alessandra Redies** teilen eine Leidenschaft: Mixen, Schütteln, Rühren. Und wenn dann noch der Punschtopf dampft, die Kaffeemaschine faucht und der Samowar blubbert, ist das gemeinsame Glück vollkommen. Aus der Begeisterung für Getränke ganz allgemein ist dieses Buch entstanden. Und nicht nur dieses: Aus der Feder der beiden stammen auch GU-Erfolgstitel wie *Kaffee & Espresso, Cocktails, Drinks ohne Alkohol* und *Smoothies & Fruchtshakes.* Sollte man die beiden nicht in der (Haus-)Bar finden – beide arbeiten seit 2000 in der Redaktion Kochen & Verwöhnen des GRÄFE UND UNZER VERLAGS.

Der Fotograf

Essen ist Leidenschaft. Essen zu fotografieren ist Kunst. Der Fotograf **Klaus-Maria Einwanger** macht in seiner foodartfactory mit Leidenschaft aus Essen Kunst. Er hat seine Passion vor Jahren in der Foodfotografie gefunden, setzt Foodthemen in Lifestyle um und schafft eine Atmosphäre, die Lust auf mehr macht. Die Bilder der foodartfactory für Verlage, Redaktionen und internationale Kunden entstehen im eigenen Studio oder an Locations weltweit. Bei der Arbeit an diesem Buch haben den Fotografen tatkräftig unterstützt: **Monika Schuster** (Foodstyling), **Alexandra Holzer** (Styling) und **Anka Köhler** (Foodassistenz).

Bildnachweis

Titelbild: Studio L'EVEQUE Tanja und Harry Bischof (Styling und Fotografie); alle anderen: Klaus-Maria Einwanger

Programmleitung: Doris Birk

Leitende Redakteurin: Stephanie Wenzel

Redaktion: Lars Grunewald

Lektorat: Dagmar Reichel

Korrektorat: Waltraud Schmidt

Innenlayout, Typographie und Umschlaggestaltung: independent Medien-Design, München

Satz: Knipping Werbung GmbH, Berg/Starnberg

Herstellung: Petra Roth

Reproduktion: Longo AG, Bozen

Druck und Bindung: Printer, Trento

ISBN 978-3-8338-1062-6
1. Auflage 2008

GRÄFE UND UNZER

Ein Unternehmen der
GANSKE VERLAGSGRUPPE